海洋人物丛书 ⑥

大海星空

2014年度海洋人物

本书编委会 编

海洋出版社

2016年·北京

图书在版编目（CIP）数据

大海星空：2014年度海洋人物/《大海星空：2014年度海洋人物》编委会编. —北京：海洋出版社，2016.5

（海洋人物丛书）

ISBN 978-7-5027-9427-9

Ⅰ.①大… Ⅱ.①大… Ⅲ.①海洋学-科学工作者-先进事迹-中国-现代 Ⅳ.①K826.14

中国版本图书馆CIP数据核字（2016）第095928号

大海星空——2014年度海洋人物
DAHAI XINGKONG——2014 NIANDU HAIYANG RENWU

责任编辑：常青青
责任印制：赵麟苏

海洋出版社 出版发行

http：//www.oceanpress.com.cn
北京市海淀区大慧寺路8号 邮编：100081
北京华正印刷有限公司印刷
2016年5月第1版 2016年5月第1次印刷
开本：787 mm×1092 mm 1/16 印张：8.75
字数：141千字 定价：28.00元
发行部：010-62132549 邮购部：010-68038093
总编室：010-62114335 编辑室：010-62100038

海洋版图书印、装错误可随时退换

丛书编委会

主　编：盖广生
副主编：翟亚娜　李　航　朱德洲
　　　　　王　忠　牛文生
编　委：钱秀丽　赵　觅　邵文台
　　　　　刘家沂　陈　宁　翟辰萌
　　　　　徐小龙　纪岩青　马　云
　　　　　朱　彧　王自堃　吴　琼
　　　　　路　涛　赵　宁　金　昶
　　　　　安海燕

序

在我国约 300 万平方公里主张管辖海域上，奋斗着数万名海洋工作者，他们数十年如一日，在各自的岗位上默默无闻地挥洒着汗水和青春。2009 年世界海洋日暨全国海洋宣传日前夕，有关部门评选出了新中国成立 60 年来为海洋事业作出重要贡献的十位杰出人物，他们中有著名的科学家、海洋管理工作者、海洋经济领域的开拓者、传奇的航海家，还有卫国戍边的军人、英勇无畏的飞行员、维护正义的国际法院大法官，他们为新中国海洋事业做出了不可磨灭的贡献。

从这以后，为体现国家对现代海洋意识和价值观的培养和引导，弘扬海洋精神，增强全民族海洋意识，深入推进社会主义核心价值观建设，传播海洋正能量，讲好海洋故事，提升海洋文化软实力，国家海洋局海洋日活动办公室委托中国海洋报社、中国网，开展年度海洋人物评选活动，每年的"海洋人物颁奖仪式"已经成为"世界海洋日暨全国海洋宣传日"主场庆祝活动的一项重要内容。

2015 年 6 月 8 日，在海南省三亚市举行的世界海洋日暨全国海洋宣传日主场活动中，揭晓了"2014 年度海洋人物"，他们是：海军南海舰队某潜艇支队 372 潜艇官兵群体、"海洋石油 981"作业团队、上海外高桥造船有限公司总经理王琦、4500 米级无人潜水器"海马"号总负责人陶军、中船重工集团 702 所所长助理司马灿、300 米饱和潜水团队、国家海洋局北海分局千里岩海洋观测站原站长张世江、新华社记者张建松、福建东山二中海洋生物标本馆负责人、生物老师许李易和蓝丝带三亚学院志愿者服务社。他们中有的是海洋产业的领军者,有的是深海科研的奉献者,有的是常年如一日的观测员,有的是热心公益的志愿者,还有英勇顽强、舍生忘死的热血男儿,他们在平凡的岗位上,做出了不平凡的事迹,他们身上体现着无私奉献、勇于进取的社会主义核心价值观,也反映着我国海洋事业快速发展的光荣历程。

党的十八大作出了提高海洋资源开发能力,发展海洋经济,保护海洋生态环境,坚决维护国家海洋权益,建设海洋强国的重大战略决策,我国的海洋工作站在了新的历史起点上。伟大的时代,光荣的使命,召唤着大批优秀人才积极投身于建设海洋强国的伟大实践。

我们把每年评选出的"年度海洋人物"的感人故事汇编成书,让更多读者深入了解年度海洋人物平凡故事背后不平凡的人生轨迹。我们希望,《大海星空》这套丛书的出版,能为进一步增强民族海洋意识,弘扬中华海洋文化,传播海洋正能量,讲好海洋故事,提升海洋文化软实力发挥应有的作用。

丛书编委会
2016 年 3 月

目次
CONTENTS

001 | 强军先锋　深海铁拳
　　　　——记海军南海舰队某潜艇支队 372 潜艇官兵群体

　　　　"干潜艇光荣、干好潜艇是英雄。"
　　　　　　　　　　　　　　　——372 潜艇官兵群体

014 | 敢为中国争先　敢与世界争雄
　　　　——记"海洋石油 981"作业团队

　　　　"尊重是靠实力赢回来的！"
　　　　　　　　　　　——"海洋石油 981"平台
　　　　　　　　　　　第一任平台经理邓明川

024 | 让中国巨轮远航世界
　　　　——上海外高桥造船有限公司总经理王琦

　　　　"让中国的海洋装备成为世界一流。"
　　　　　　　　　　　　　　　　　——王琦

037 | 让中国"海马"遨游深海
　　　　——4500 米级无人潜水器"海马"号总负责人陶军

　　　　"干一行、爱一行、专一行。"
　　　　　　　　　　　　　　——陶军

051 | 痴心铸剑探深海
　　　　——中船重工集团 702 所所长助理司马灿

　　　　"海洋资源十分丰富，人要到海里去搞研究，离不开深海技术的支撑。"
　　　　　　　　　　　　　　——司马灿

063 **兄弟齐心合力　创造中国深度**
　　——300米饱和潜水团队

> "饱和潜水技术是当今世界潜水行业最顶级的核心技术，是人类向海洋空间挑战、向生命极限挑战的前沿技术。我们已经取得了重大突破，但前面的路还很长。"
> ——沈灏

078 **坚守孤岛写春秋**
　　——记国家海洋局北海分局千里岩海洋观测站原站长张世江

> "岁月流逝，站上的同事们换了一批又一批，海洋站也已旧貌换新颜，而对千里岩的坚守，早已成为人生中最深刻的烙印。"
> ——张世江

091 **女记者的海洋梦**
　　——新华社记者张建松

> "极地事业关系到中华民族千秋万代的长远利益，是一项重要的国家战略，也是新闻报道的富矿。在我的新闻记者生涯中，能为这项事业宣传报道、呼吁呐喊，是我人生中深感荣耀的一件事。"
> ——张建松

101 **耕耘蓝色沃土的园丁**
　　——记福建东山二中海洋生物标本馆负责人、生物老师许李易

> "教育是一种生活，修己成人，立己达人。一位教师的精神越丰盈，他的创造就越丰赡，他从学生那里获得的精神回馈也就越丰厚，他的生命就会变得更加的自由舒展，从而成就他完整的幸福，这就是教育的全部魅力。"
> ——许李易

117 **落笔峰下"蓝丝带"**
　　——蓝丝带三亚学院志愿者服务社

> "团结一切力量，保护美丽海洋。带着热情和理想，带着感恩和虔诚，怀揣着共同的理想，只为守望着这片孕育生命的希望的海洋。"
> ——蓝丝带三亚学院志愿者服务社

强军先锋　深海铁拳
——记海军南海舰队某潜艇支队 372 潜艇官兵群体

"干潜艇光荣、干好潜艇是英雄。"

——372 潜艇官兵群体

　　海军 372 潜艇是一艘有着"大洋黑洞"之称的新型常规潜艇。在海军组织的一次实战化紧急拉动和战备远航训练中,该艇突遇重大险情,指挥员沉着冷静果断指挥,全艇官兵舍生忘死奋力排险,成功化险为夷,并克服重重困难,圆满完成后续任务,创造了我国乃至世界潜艇史上的奇迹,受到习主席和军委领导的高度称赞。

用生命书写忠诚，用行动践行使命。372潜艇官兵英雄群体不愧为牢记强军目标、坚定强军信念、献身强军实践的时代先锋，不愧为特别讲忠诚、特别敢担当、特别有血性、特别能打仗的深海铁拳。

艇动三分险，生死一瞬间。驾驭潜艇是世界公认的高风险职业，困难无处不在，危险如影随形。

在生与死的考验面前，他们临危不惧处变不惊

深夜，浩瀚大洋，海面波涛翻滚，水下暗流涌动。

执行远航任务的372潜艇，正潜航在大洋深处。

深海潜航，凶险莫测。极其复杂多变的海洋水文环境处处暗藏陷阱，给潜艇水下航行造成了严重影响。

水下潜航不分昼夜。372潜艇室内，海上指挥员、支队长王红理正在检查值更情况。值更官兵有的操纵着设备，有的注视着仪表，有的穿梭于舱室间巡查管线……他们动作准确娴熟，口令清晰流畅，一切都显得井然有序。此刻，没有人会想到，危险正一步步逼近。

午夜时分，潜艇深度计指针突然向下大幅度跳动。

"不好，掉深了！"舵信班副班长成云朝一声惊呼，打破了指挥舱内特有的宁

静。由于海水密度突然减小，潜艇浮力骤然下降，艇体急速往下沉。

"前进二。""向中组供气。"当更指挥员、支队副参谋长刘涛迅即下达增速、补充均衡、吹除中组压载水舱等一系列指令。

"深度继续增大！"多种应急处置措施实施后，潜艇仍在加速掉深。

向下的洋流犹如一双无形的巨手，与惯性合力拽着潜艇逼近极限深度。大家的心开始往嗓子眼提，气氛紧张得让人透不过气来。

"掉深"，通常指潜艇遇到海水密度突然减小，潜艇巡航深度突然变大，艇体急剧下沉的一种现象，形象地说就是遭遇了"水下断崖"。"就像一辆疾驶的汽车，突然掉入悬崖，那种感觉无助而绝望。"回忆起当时的情形，372潜艇艇长易辉心有余悸。

潜艇"掉深"是世界海军的噩梦，中外海军都遇到过。外军一艘潜艇在深潜试验时，因"掉深"无法及时挽回而失事沉没，艇上100多人全部遇难，成为世界潜艇史上的悲剧。

然而祸不单行。就在官兵忙着处置"掉深"险情时，更大的危险接踵而至：由于压力陡然增大，主机舱一根管道突然破裂，大量海水瞬间喷入舱室。

"主机舱管路破损进水！"广播器里传来电工区队长陈祖军急促的报告。主机舱是潜艇的心脏部位，舱内遍布各种电气设备，一旦被淹受损，就会造成动力瘫痪，甚至可能因短路引发火灾……更可怕的是，如果进水得不到有效控制，潜艇将加速下坠，等待他们的将是艇毁人亡。此刻，数十名官兵命悬一线。

"损管警报！""向所有水柜供气！"生死关头，指挥员王红理当机立断，果断下令。

损管警报拉响，全艇上下闻令而动，面对生死考验，官兵们个个冲锋在前，没有一人退缩。

险情发生时，陈祖军、朱召伟和毛雪刚3人正在主机舱里值班。管路爆裂进水的一刹那，电工区队长陈祖军瞬间做出反应，迅速关停工作设备，按损管部署下达封舱口令。

"当时舱里一片水雾，噪声很大，什么也看不见，也听不清指令，我立即停止主电机，断开电枢开关，关闭通风机、空调，并命令舱底的值更人员停止滑油泵、断电。"陈祖军说，"我心里非常清楚，封舱就意味着断绝了退路，一旦堵漏失败，我们3人将受灭顶之灾。"

管路断裂后,海水以几十个大气压力喷射而出,水柱被折射成颗粒状,像沙粒一样打在身上钻心的痛。位于舱底的轮机兵朱召伟毫不犹豫地扑上去关闭破损管路的阀门,高压海水将他一次又一次冲了回来,被螺杆划破的后背血流不止,但他丝毫不顾,拼尽全力摸到战位,用液操将阀门关闭,阻止了海水继续涌入。

在水雾弥漫、视线模糊的舱室里,电工班长毛雪刚全然不顾个人安危,从前跑到后,从上跑到下,一路摸索着关闭大小阀门40多个,并成功向舱室供气建立反压力,延缓了进水速度,但人却被高压气体挤压得呼吸困难,血脉偾张,耳膜刺痛,脑袋嗡嗡作响……

当警报骤然响起时,正在休更的舰务区队长练仕才本能地从床上跳下来,光着脚冲向战位,向指挥员请示使用高压气,一边打开供气阀门。如果高压气供不上来,潜艇继续往下掉,将跌入3000多米深的黑暗海底。

当警报骤然响起时,雷弹班长曾刚一把抓住通风插板手柄,双手转得像飞速旋转的陀螺一样,仅20秒就完成了平时需要1分多钟才能完成的动作,将其完全关闭,防止损害扩散。事后,他的双臂又酸又肿,吃饭时连筷子都拿不起来。

……

不到10秒钟,应急供气阀门打开,所有水柜开始供气;1分钟内,上百个阀门关闭,数十种电气设备关停;2分钟后,全艇各舱室封舱完毕。

而这时,掉深速度虽有减缓,但仍在持续。时间一秒一秒过去,每一秒都显得那么漫长、那么煎熬……大家屏住呼吸,等待着奇迹发生。

3分钟后,掉深终于停止。紧接着,潜艇在悬停10余秒后,深度计指针缓慢回升,艇体开始上浮。

因主机舱大量进水,潜艇出现大幅尾倾,舱室内连人都站不稳,大家死死坚守在战位上,按照指挥员的指令,向艇艏压水,向艇艉压载水舱供气,调整潜艇姿态。

潜艇上浮,速度越来越快。最终,像一头巨鲸跃出海面。

"从潜艇掉深进水到安全脱险,我们把握住了最关键的3分钟,在这场与死神的较量中,全艇官兵直面生死,沉着冷静,正确处置,成功闯过了鬼门关。"王红理说。

像这样的生死考验，372潜艇官兵不止一次经历。在几年前的一次海上昼夜航行训练中，该艇主电机过热冒烟，险些酿成火灾，电工班长黄家兴见状迅速冲上前切断电源，确保了装备安全。

支队组织大深度水下快漂试验，舵信兵王元元主动请战，出舱上浮时快漂服与氧气管意外缠绕在一起，人被悬在深海中进退两难。在身体承受5个多大气压力的情况下，稍有不慎，就有生命危险。他从容不迫，采取应急自救措施后成功脱险。

"干过潜艇的人都知道，潜艇有三怕，一怕掉深，二怕进水，三怕起火。这三种极端情况372潜艇都经历过，特别是此次在已经形成掉深惯性、舱室进水、失去动力的情况下，两种最危险、最难处置的险情叠加，对艇队官兵来说的确是一场生死考验。"随艇执行任务的海军司令部参谋马泽说。

了解372潜艇官兵成功处置险情的经过后，潜艇艇长出身、在潜艇部队任职30多年的海军潜艇学院院长支天龙激动地说："面对如此复杂、如此严峻的险情，372潜艇官兵能够成功处置，怎么评价都不过分。这是一次生与死的较量，也是一个成功处置潜艇险情的范例，完全可以进入教案、进入课堂，使之成为海军潜艇部队一

笔宝贵的经验财富。"

问苍茫大海，谁主沉浮？在生死存亡的紧急关头，372潜艇官兵临危不惧、处变不惊，创造了一个力挽狂澜的水下传奇，奏响了一曲雄浑壮美的强军凯歌。

出航即出征，下潜即战斗。作为遂行特殊作战任务的水下奇兵，宁可牺牲生命，也要完成使命——

在进与退的抉择面前，他们义无反顾知难勇进

重大险情得以排除，绝境逢生的372潜艇官兵又面临艰难的抉择——是申请返航、等待后方救援，还是继续执行任务？

"当时，潜艇虽然成功脱险，但装备受损严重，特别是主电机无法修复，潜艇机动能力受限。而后续任务时间漫长、情况复杂、充满变数，可以说挑战巨大、困难重重。"在常人看来，刚刚经历了生与死的考验，官兵身心俱疲，请示返航似乎成了最合理、也是最保险的选择。

何去何从？大家都不约而同地将目光投向海上临时党委书记、指挥员王红理。

此时的王红理，比平时更加沉着镇定。他心里清楚，作为海上最高指挥员，自己下达的每一个命令、做出的每一项决定，都将直接影响到官兵士气和上级决心，关系到潜艇安全和战友安危，甚至关乎国家、军队和海军的声誉，必须慎之又慎。

这是王红理30年军旅生涯中面临的最艰难的抉择。他召集有关人员了解情况，研究对策，经过冷静分析，决定当务之急先解决好两个问题，一是恢复潜艇动力，二是使潜艇具备水下潜航能力。

官兵们迅速行动起来，全力以赴抢修受损设备——

为了排除设备故障，动力长肖亮3次累倒在现场并抽搐甚至休克，军医每次给他灌生理盐水，补充微量元素，都得把嘴掰开才行。每次刚刚恢复清醒，肖亮就直奔战位，别人劝他休息一下，他用嘶哑的嗓子说："就算是倒下，我也要倒在战位上！"

为了尽快疏通排水管路，舱段兵邹晓波连续6次潜入管路交错、混杂着油污和杂物的舱底水中，嘴唇被冰冷的海水冻得发紫，还呛了几大口又脏又臭的污油水，但他硬是用手一点一点把堵在排水口的残渣掏干净。

为了保证正常的充电充气，轮机技师周军生冒着50多摄氏度的高温守护着柴油机，汗流浃背，衣服结上了厚厚一层白色盐渍。

无论干部或是战士，不分职务高低，大家争分夺秒地一遍遍擦干电气设备上的海水；用抹布一点点地将舱底角落里的积水吸出来，用蒸馏水、酒精反复清洁受损电器设备，用吹风机烘干成百上千条线路……

"大家都在拼命干活，不时有振奋人心的消息传来。"经过10多个小时的连续奋战，随着控制箱、滑油泵、空气压缩机等主要设备故障的修复，王红理心里对水下航行能力的恢复越来越有底了。

"航行条件基本具备了，其他设备也在恢复之中。我不能在官兵心存疑虑的情况下做决定。大家思想统一，拧成了一股绳，工作就会更主动。"这期间，海上临时党委一班人，深入各舱室战位与大家交换意见，了解思想情况，进行心理疏导。让他们感动和欣慰的是，官兵们坚信海上临时党委能够带领372潜艇走出困境、完成后续任务。

"支队长几次找我们了解情况，询问设备是否正常，航速是否符合要求，能否按时进入预定海区。"372潜艇航海长李奎回忆说，"作为指挥员，他不是随意拍脑袋说走或说不走。"

经过充分酝酿，险情发生后的第二天，372潜艇召开了临时党委会。会上，王红理提议：鉴于装备恢复进展情况比预期要好，尽管要承担一定风险，但基本具备完成任务条件，应继续按计划完成后续任务；只要我们能完成任务，就暂时不要给家里发报，以免干扰首长决心。

"海上通信不便，很难将具体情况向上级汇报清楚。我反复权衡、再三思量，如果我们遇到困难就退缩，与战时临阵脱逃没什么两样。个人荣辱事小，履行使命事大。作为海上指挥员，该承担的责任我绝不推诿，该检讨的问题我回去检讨，但有一条，上级交给的任务必须坚决完成。哪怕前面是龙潭虎穴、万丈深渊，也要勇往直前！"王红理动情地说。

"我们7名临时党委委员一致表示，海军把这么重要的任务交给我们，是对我们的信任和重托，为了任务，为了胜利，只要还有一线希望，就要做出百倍努力，坚定不移地往前走！"回忆起开会的经过，海上临时党委副书记、支队政治部主任何占良仍历历在目，激动不已。

会上，海上临时党委做出决定：克服一切困难，继续完成任务。

临时党委的决定得到全艇官兵的坚决拥护，大家表示：不管前面有千难万险，上了战场就要勇往直前！

向着使命召唤的方向，372潜艇毅然带"伤"挺进大洋。

使命面前敢于担当的精神，在这支部队、在372潜艇有着深厚的积淀，无论是支队领导、艇长、部门长，还是军士长和列兵，个个勇于负责，人人敢于担当，执行命令不打折扣，完成任务毫不含糊。

从艇长、参谋长到支队长，王红理总是一马当先，率艇执行实兵演习、战备远航和武器试验等重大任务，一次次挑战极限，一次次突出重围，支队率先实现了海军提出的"三个转变"，成为扼守南海要冲的尖刀部队。

从接装入列、全训考核到形成战斗力，372潜艇官兵一路闯关夺隘，攻坚克难，半年完成接装，一年内完成全训形成战斗力，第二年就执行战备远航任务，创下了我国海军常规潜艇的14个"首次"和"第一"。

372潜艇凯旋时，受到英雄般的欢迎。海军首长对他们的担当精神给予高度评价："当时如果选择返航也能拿3到4分，现在你们以智勇双全交了一份出色答卷，完全可以打'5+'。事实证明你们的选择是正确的！"

没有责任担当，就愧对这身军装！372潜艇官兵用实际行动做出了最好的诠释。

在胜与负的较量面前，他们敢战强敌能打胜仗

脱险后，372潜艇刚刚浮出水面，就遭遇了多批次外军舰机的跟踪监视和围追堵截。

此时，372潜艇正处在最艰难的时候，主电机无法运转，只能靠一台经航电机缓慢航行，经过连续排险、抢修装备，官兵们已经疲惫到了极点。

"叮……铃铃……""战斗警报！"当急促的战斗警报响起，官兵们的战斗细胞瞬间被激发，他们以最快的速度冲向战位，做好迎战准备。

"当时我们已连续抢修了几十个小时，又累又困，但一听到战斗警报，全身忽然就来了劲。"指控长王锋说，面对外军舰机步步紧逼，大家毫不畏惧，斗志昂扬。

"对手近在咫尺，干部和战士没有一人退缩。我当时就想，既然有'免费'的

陪练,就不能辜负人家的'美意'。"在王红理看来,只有敢于把对手当磨刀石,才能砥砺雄风锐气、练就过硬本领。

372潜艇采取一系列战术动作,与对手针锋相对,斗智斗勇,成功摆脱外军舰机的跟踪监视。

刚出包围圈,又遇拦路虎。在经过某海区时,372潜艇再次遭遇外军舰机的高强度围堵。他们综合运用一系列战术动作,悄无声息地突破了对手布下的天罗地网。

深海逢敌敢亮剑,大洋逐鹿我争雄。任务期间,372潜艇单枪匹马,转战千里,先后与多批次外军反潜兵力周旋。

"像这样的较量,对我们来说是家常便饭。"时任372潜艇艇长刘涛说。那年,372潜艇首赴某海域执行远航任务,刚出去没多久,外国反潜机就跟了上来。

"从离港到抵达预定海域,外军舰艇、飞机跟踪侦察,就从未消停过。但一连数天都没发现我们的踪迹,最终败兴而去。"刘涛回忆说,"官兵们把与对手的每一次相遇,都当成练兵的绝好机会,那次长航回来,摸索出10余种克敌制胜的新战法、新训法。"

无独有偶。几年前，372 潜艇挺进大洋深处执行战备远航任务，期间遭遇外军舰机围堵，该艇曲折迎敌、巧妙应对，最终安全隐蔽地抵达任务海区。

战备就是备战，出海就是待战。372 潜艇官兵敢打必胜的过硬本领，源于部队持续开展的实战化训练，他们始终保持枕戈待旦、箭在弦上的临战状态，不分平时和战时，随时听令出动。

那年，372 潜艇完成一次 3 天 2 夜的昼夜航行训练，刚靠上码头就接到上级命令，紧急出航执行长时间的水下警戒任务。官兵们几小时内即战斗出航，比规定时间缩短了一半。

2013 年年底，372 潜艇参加上级组织的鱼雷攻击考核，当时海区气象条件恶劣、浪高超过 4 米，有的官兵担心此时发射鱼雷风险太大，万一打不好，一年就白训练了，建议向上级请示延迟考核。

考核可以选择天气情况，但战争绝不会因为恶劣的天气情况而推迟。艇党支部研究认为：只要实战需要，这个险就值得冒！

最终，372 潜艇以两发两中的好成绩顺利通过考核。

一次次闯关历险，一次次实战化磨砺，一次次与强手交锋过招，372 潜艇官兵练就了"强手面前头不懵、险情面前手不抖、生死面前腿不软"的底气、胆识及过硬的本领。潜艇水下待机时间比原来大大延长，活动范围、下潜深度、出海频率等都有新突破，相继创新出 10 多项训法战法，其中 5 项被上级推广使用。

在家与国的取舍面前，他们报效国家信念如磐

艇由我操纵，我听党指挥。潜艇兵是一个默默付出、勇于担当的群体，争当强军先锋，矢志建功深蓝——

作为国之利器，潜艇部队使命任务特殊，经常独闯深海大洋，必须绝对做到"艇听我的话，我听党的话"。

"干潜艇就要敢担当、讲奉献，履行好岗位职责就是对党忠诚。"这是 372 潜艇官兵经常挂在嘴边的一句话。

那年春节前，该艇接到上级紧急出航命令，要求他们以最短的时间赶赴预定海域执行任务。

艇队党支部一边开会受领任务，一边组织物资装载、备航备潜，提前数小时完成战斗出航准备，并在海上直接转入为期数十天的战备远航。

就在这次远航前，2名官兵家属即将临产，12名官兵的爱人、子女或父母正准备来队团聚，有的还在来队途中等着他们接站……在家与国的取舍面前，官兵们没有丝毫迟疑，来不及向妻儿说句再见，顾不上向父母道声保重，悄无声息地离家远航。

漆黑深海没有阳光，是什么持久照亮潜艇兵的心房？远离大陆独闯大洋，是什么激励潜艇兵勇往直前？是潜艇兵的坚定信念和忠诚品质。

"372潜艇官兵赤心报国的坚定信念，得益于我们长期不懈的举旗铸魂教育。官兵们始终把对党的忠诚和国家利益放在首位，在急难险重的任务或面临生死危险面前，大家谁都不愿当孬种，谁都不愿因为临阵退缩给部队抹黑！"支队政委李云平欣慰地说。

远航前夕，支队长王红理的母亲病重，他匆匆赶回老家，想陪在母亲身边多照料一些日子，谁知刚进家门就接到任务通知。望着病榻上面容憔悴的老母亲，想到可能无法送老人最后一程，他心如刀绞，泪流满面。自古忠孝难两全。王红理只能做最坏的打算，提前安排好母亲的后事，临走前把善后费用都留给亲戚……

那一年，舵信班副班长成云朝的父亲突发脑出血，他急忙请假和爱人王玲肖赶回家照顾，可回家没几天，就接到归队执行任务的电话，善解人意的妻子对他说："家里有我在，你就放心归队吧。"这一照顾就是好几年。邻居们都夸这媳妇比儿子还管用，但她只是淡淡地说："虽然我不知道丈夫在干什么，但我知道该为丈夫做些什么！"

这样的故事，几乎在372潜艇的每名官兵身上都发生过。

"干潜艇光荣、干好潜艇是英雄。"面对艰苦环境、恶劣条件，372潜艇官兵以艇为家、以苦为乐、以苦为荣，把艇队当家建、当家管、当家爱，为了大爱甘吃大苦。

一次远航中，372潜艇经过连续航行，艇员极度疲惫，又连续遭遇两次强台风袭击。在水下数十米抗风，潜艇横倾仍达15度。为最大限度节省电能，延长水下续航时间，他们坚持不开空调、不用电灶做饭，仅靠战备干粮充饥，没有一人叫苦叫累。

这样的困境，几乎372潜艇的每名官兵都经历过。

声呐兵张凤婷的父亲是个生意人，曾多次劝儿子退伍回家经商。当他得知372潜艇历险的消息后，又一次劝儿子脱掉军装："这兵你快别当了，太危险！"

"我在372潜艇已经干了8年，对艇队充满了感情。尽管今年是我中士最后一年，但我还想继续留在艇上好好干。"张凤婷动员自己的叔叔一起，三番五次好说歹说，终于说服了父亲。

这样的选择，几乎372潜艇的每名官兵都面对过。

372潜艇两个"海峡宝宝"的故事，在支队人人皆知。

一次远航前，动力长谢宝树和雷弹长陈凯军的家属怀孕待产，得知此事，艇队官兵踊跃给两个即将出生的小宝宝取名为"海霞"和"远航"。

出海第33天，谢宝树爱人符蓉临产，按规定需家属签字。符蓉强忍着阵痛对医生说："我丈夫出海了，字由我来签，责任我来担！"

陈凯军与爱人王青曾约定，生产时一定陪在她身边。可直到过了预产期，陈凯军还不见踪影。就在王青准备做剖宫产手术的当天，陈凯军返航归来，幸运的是，母子平安。

电航技师周军结婚后，妻子王梅一直在老家照顾生病的双亲，12年来，两人团聚的时间加在一起还不到10个月。2014年她特意买了飞机票，带着10岁的女儿来队探亲，可飞机还没落地他已随艇出海。妻子苦苦等待了1个月也没等到丈夫回来，眼看女儿就要开学，不得不返回老家。临走时，女儿哭着问妈妈："爸爸怎么躲着不见我们，你们是不是离婚了？"看着女儿哭花了的小脸，王梅的泪水只能往肚里咽。

"爸爸去哪儿啦？"面对孩子们的疑问，372潜艇官兵常常无言以对、沉默无语。

"不要问我在哪里，问我也不能告诉你……"因为特殊的使命任务，潜艇兵出海、归航，注定没有鲜花和掌声。

372潜艇所在军港码头附近有一条海边小道，在丈夫远航的日子里，军嫂们经常带着孩子来到这里深情守望。时间长了，大家都管这条路叫"望夫路"。

"他们肩上有多少重托，背后就有多少牵挂。一个心里装着大海的军人，肯定是一个值得托付终身的爱人。"支队长王红理的妻子张艳说。

"多么想有那么一天，我一打开家门，你就突然出现在我面前，让我措手不及，然后让我哭个梨花带泪。我愿意一直站在你的左边，因为你敬礼的右手属于祖国、属于军队。"军医卢翀的妻子曾晓燕说。

军嫂们朴实的话语，道出了她们对丈夫最深沉的爱恋，对丈夫事业最无私的支持，也诠释了潜艇兵对祖国最坚定的信念、最赤诚的热爱。

"为将忘家，逾垠忘亲，指敌忘身，必死则生。"这是372潜艇官兵报国情怀的真实写照。不管挺进深蓝有多大风浪，深海大洋暗藏多少危机，中国海军潜艇兵都将义无反顾，无怨无悔，用青春和热血浇铸坚不可摧的水下长城。

敢为中国争先 敢与世界争雄
——记"海洋石油981"作业团队

"尊重是靠实力赢回来的！"
——"海洋石油981"平台第一任平台经理邓明川

"海洋石油981"作业团队历时31天远洋自航4600公里，在孟加拉湾海域1732.7米深的水下底层顺利完成海外首口深水井钻井作业，完钻井深超过5030米，创造了亚洲深水半潜式钻井平台作业井深新纪录，也迈出中国深水高端装备走出国门、参与国际市场角逐的重要一步。

打破国际同行创造的深水作业纪录，高效完成21口千米以上水深钻完井作业成功钻探我国第一个深水高产大气田陵水17-2……这些，离不开一个名字——中国海油"海洋石油981"团队。这个由177人组成、平均年龄仅30岁的团队，在我国建设海洋强国梦想的征程中，留下了绚烂的一笔。

敢为中国争先　敢与世界争雄

"敢为中国争先　敢与世界争雄",这是"海洋石油981"团队精神的核心,从平台的建造期,"海洋石油981"团队就在践行着这一精神。

当前,在全球获得的重大勘探发现中,有50%来自海洋,主要是深水海域。所谓深水海域,目前国际上的统一定义是,从水面到海床垂直距离达500米以上的称为深水,1500米水深以上为超深水。由于深海地质条件复杂,油气勘探开发技术难度和投入随着水深的增加呈几何倍数增长。

在"海洋石油981"之前,我国基本没有自主深海勘探开发的经验,全球深水油气钻探技术一直被欧美几家国际石油公司垄断。而我国南海海域拥有丰富的油气资源,而且其中70%都蕴藏于深海。因此,建造深水平台,叩开深水油气资源的"大门",成为立足国内寻求油气资源的重要战略选择。

在"海洋石油981"钻井平台投入运营前,国外深水钻井能力已达3000米,而国内钻井能力还停留在500米水深阶段。面对深水作业经验几乎为零的巨大考验,要实现由浅水到深水,再到超深水的跨越,谈何容易!"海洋石油981"团队

只能摸索前行。面对国人的期待和国际同行的怀疑，第一任平台经理邓明川喊出"尊重是靠实力赢回来的！"口号。

为尽快掌握核心技术，他们从平台建造期就开始介入，在集装箱改造的办公室里啃外文资料，20吨重的学习资料，摞起来能装满8个集装箱；为突破技术封锁，他们登上相似的外籍深水钻井平台学习，甚至除夕夜也没停下忙碌的脚步；他们有的将婚期一拖再拖，有的错过了孩子的生日、妻子的临盆，有的为了让家里有困难的同事能够回家，主动放弃休假……马不停蹄地在深海平台的研制征途中前行。为实现深水首钻成功，队员们全面深度模拟出首钻期间可能出现的问题与风险，制订了164个工作程序、848个操作规程和1020个保养规程。

"海洋石油981"团队中的每个人都憋着一股劲，立志干出个样儿来，不给国人丢脸。他们仅用了两年多的时间，就消化了业界近20年的深水钻井技术，完成了从500米水深到3000米水深的跨越，在首钻过程中，他们成功创造了中国深水的数个"首次"，创造了作业效率93%的纪录，远高于国际同类型平台运行初期的水平。他们用实际行动向世界证明中国深水勘探开发的决心与实力。

自2012年首钻起，"海洋石油981"团队不断超越自我。在南海深水区域顺利钻井17口、完井4口（是指裸眼井钻达设计井深后，使井底和油层以一定结构连通起来的工艺。既是钻井工作最后一个重要环节，又是采油工程的开端，与以后采油、注水及整个油气田的开发紧密相连。而油井完井质量的好坏直接影响到油井的生产能力和经济寿命，甚至关系到整个油田能否得到合理的开发），发现3个深水油气区块。从顺利完成南海东部6口钻井和5口测试井作业；到2013年年底荔湾超深水项目创造亚洲深水钻井纪录、2014年获得陵水高产大气田，再到2015年顺利完成海外首口深水井钻探作业。"海洋石油981"团队在我国深水勘探开发领域创出了一片崭新的天地，为我国深水勘探开发追赶国际一流打下了坚实的基础。

勇战复杂环境　敢为世界不敢为

2014年年初，"海洋石油981"平台转战南海陵水区块作业。该作业区构造位于南海琼东南盆地深水区的陵水凹陷，平均作业水深1500米，为超深水气田。由于地质条件复杂，这个区块曾让外国公司望而却步，甚至开发一半又最终放弃。

敢为中国争先　敢与世界争雄

是否真的没有开采价值？不服输的"海洋石油981"团队迎难而上，在钻井和测试过程中，开展了11项深水钻井技术、5项深水测试技术攻关，其自主研发的测试地面模块化设备、智能DST测试工具和全新数据采集系统等在国内海域均属首次运用。经过15天连续奋战，"海洋石油981"团队在南海成功钻探、测试了我国第一个自营深水高产大气田陵水17-2。

陵水17-2的成功勘探，打开了一扇通往南海深水油气"宝藏"的大门，证明了南海深水区油气产量的巨大潜力，为推动我国南海大气区建设添足了"底气"。

走出国门　演绎海外"首秀"

2015年元旦，"海洋石油981"团队从中国三亚起航，途经马六甲海峡，奔赴孟加拉湾目标海域作业。众所周知，马六甲海峡附近区域局势一直复杂，时常会出现海盗劫持商船事件。1月13日6时30分，当"海洋石油981"团队行至马六甲海峡附近，平台收到了前方不远处有艘韩国船已遭到海盗袭击的通知。早在进入新加坡海峡范围时，"海洋石油981"就开始抽调大部分人员值海，在前后左右4个下浮箱梯口设立多根消防水龙带同时封锁梯道。一旦发现海盗，可随时启动应急预作战方案。

最终,"海洋石油981"航行近4600公里,安全通过马六甲海峡到达目标海域。这也是"海洋石油981"自服役以来航行距离最远、时间最长的一次。

此次作业于2月7日正式开钻,承钻的深水井位于孟加拉湾海域1732.7米深的水下地层,完钻井深超过5030米,历经37天的航行和58天的作业,"海洋石油981"团队于4月5日24时顺利完钻,作业时效高达99.09%。这是"海洋石油981"服役以来作业井深最深的一口,创造了亚洲深水半潜式钻井平台作业井深新纪录,打响了中国深水高端装备走出国门、参与国际市场角逐的重要一步。

战胜台风　与"海鸥"抢时

台风"海鸥"是2014年第15号台风,瞬间最大阵风达到了每小时195公里。

此时的"海洋石油981"团队正在南海进行钻井作业。台风引起的风暴潮带着狂风和暴雨袭击平台,不时发出刺耳的呼啸声;七八米高的大浪拍打着平台,犹如撞击洪亮的巨钟;连续不断的涌浪考验着全体作业人员,不少人已经晕船呕吐。

"结束避风,调整艏向,全速返航!""海洋石油981"钻井平台总监刘和兴下达了明确指令。此时，肆虐南海的台风刚刚登陆不久，虽然已逐渐减弱，但刚刚的经历仍让"海洋石油981"的作业人员心有余悸。

"刘总监，为什么不再休整10个小时再返航？"一位随船的作业人员满脸痛苦、不解地问道。刘和兴回答说："兄弟，这两天真是辛苦你们了。但是，根据天气预报，我们原来作业井位的海况正在逐渐好转，大约在16个小时后满足平台作业要求，而且现在的海况也已经满足平台航行要求。我们现在开始全速返航，到达作业井位大约十几个小时，就可以第一时间开始作业了。"

"我同意，"具有多年航海经验的曲海龙把话接了过去，"深水钻井作业费用高昂，我们要在保证安全的前提下，坚决维护作业者的利益。"

9月17日凌晨5时，"海洋石油981"钻井平台起航，在"海鸥"的持续肆虐中前行。

平台生活　环境温暖如家

在一般人看来，在海上工作，面对着碧海蓝天，朝霞日出，海鸥飞舞，落日余晖……是美好惬意的休闲时光。但对"海洋石油981"团队的人来说，这幅美景是他们司空见惯的，初时新奇之后，面临的就是长久的枯燥。

海上工作一上平台就是28天，一天工作12个小时，工作的辛苦是常人难以想象的。为了让工人们更专心地工作，中国海洋石油总公司为工人们提供了良好的工作环境。如平台员工往来海陆之间最便捷的交通工具直升机；平台上配有专业医生，并根据海上作业情况配备常用药品，以随时跟踪平台员工的健康状况并及时处理突发事件；平台配备有国内钻井船行列中最大的救生艇，配备乘员数量是平台最大规定人数的两倍；平台远离陆地，手机没有信号，5楼候机室有一部座机电话供员工与家人联络；平台上配有健身房，劳累一天的员工洗漱完毕后，会走进健身房，在运动中舒展一下疲惫的身躯；每个房间都有洗衣袋，员工把工服等换洗衣服装在里面放在门口，晚上后勤人员就会将洗好的衣服放在对应门口。

用平台员工的话说，"海洋石油981"投用以来屡立奇功，再强大的"深水利器"也离不开高素质的员工队伍，而保持员工们昂扬向上的精气神，则离不开良好的后勤服务。

清晨6点钟，大家纷纷来到可容纳近百人就餐的餐厅用早餐。为了保证营养均衡，后勤组在安排菜单时，做到每一餐都荤素搭配。由于员工们来自大江南北，后勤组尽心做到"众口可调"：四川员工喜欢吃辣，每餐给他们准备一小碟泡菜；南方员工离不开煲汤，精心为他们煲制汤品；有的外籍员工吃不惯中餐，就给他们制作西点。加班时，茶歇室备有茶点供大家补充能量。

晚上9点半，许多员工已入睡，此时，后勤组负责人会来到医务室，向海医胡汉友询问当天的医疗情况，比如，哪些员工来就诊过，有哪些症状等。

外籍员工　平台上的别样风景

荷兰人Janko在"海洋石油981"平台上担任维修监督。在此之前，他曾在另一家油服公司工作了20余年。2007年，随着"海洋石油981"平台的建造，他来到中海油田服务股份有限公司，亲眼目睹了"海洋石油981"平台从一堆钢板一跃成为"深海利器"，现在更是日夜精心维护着它的运行。

Janko的操心，已经成了他的"标签"。夜班维修监督盛利就跟Janko有过多次

"争执",起因大多是Janko的"操心"。比如在盛利看来,"海洋石油981"平台的管理已经做得不错了,但Janko有时却仍不满意。"我觉得,我们现在还没有将这个昂贵的深海作业设备的性能发挥得淋漓尽致。"Janko不留情面地说。随后,他会说出自己的建议:"我们要在现有设备的基础上进行优化,首先要做调研。"Janko不满意现在的调研时间安排:"调研工程师不能确定在平台上停留的时间,这样不太专业。因为如果不能确定待多久,就没有办法进行系统的工作。西方的一些公司会在需要调研工程师的时候才让他们上平台,而且时间是一定的。每个平台工人都知道,即使是平台经理也不能改变调研工程师的时间安排。"

关于人才培养,Janko也有自己的想法。他很欣赏中海油在"海洋石油981"平台运营初期招募了大量有工作经验的工作者。然而由于中国深水工程人才的短缺,现在一些成熟人才调往其他深水平台工作,大量刚毕业的年轻人登上了平台。年轻人的进步很快,Janko在感到欣慰的同时,也有些忧虑:"工作经验非常重要,比如我们可以用10年、20年的时间培养一个人,而不是5年就让他升到更高的职位。"

为了平台 他们付出了太多

"海洋石油981"平台的成功,是团队的成功,更确切地说应该是每位员工的成功。为了平台,为了能在深水作业中为中国争先,员工们付出了常人难以想象的努力。

在南海某海域钻探作业时,面对严峻的形势,身为平台海上设施经理的杨金刚冷静睿智地利用多年的海上经验统筹好各方工作,带领一线员工出色地完成了"风暴眼"中的任务。

出海前一晚孩子发高烧,董铁军带着孩子赶往医院,打完退烧针后孩子很快退烧了。这夜,他与妻子没有睡,只是静静地守着孩子。第二天一早,董铁军依旧提着行李出发了。在离开家时,孩子哭着问他:"爸爸,你怎么不陪我?"

有一次,维修工冒雨修理顶驱绞车,为防止传感器接线箱进水,只能拿布给它遮着,任凭自己淋在雨中。看到这一幕,钻井一路的兄弟赶紧为他们搭起简易棚子。

甲板工穿梭于百米甲板，言语质朴："我们平均每半年就磨穿一双工鞋，每个月磨破一身工服，每两天磨烂一副手套。"

航行在茫茫大海中，轮机师半开玩笑地说："虽然'海洋石油981'航行系统很先进，但一航行我还是睡不踏实，数数我这白头发，都是航行时冒出来的。"

陵水17－2－1井钻进期间，完成检修后，高级水下师周国林擦掉脸颊上的汗水，一改往日的严肃，对身旁的工友蹦出这样一句话："帮忙拍个照呗，今天是我女儿生日，晚上给她传个相片。"

为了平台，他们牺牲了很多，付出了很多，今天的荣誉，他们当之无愧。

朝夕相处　练就兄弟感情

辛苦的工作，朝夕相处让"海洋石油981"团队建立起了如家人一般的关系。每当工作28天，需要离开的时候，平台上就会弥漫着不舍的离别之情。

2014年11月20日中午，一群手拿行李的海上员工走向直升机。他们当中，有几位即将离开"海洋石油981"平台。螺旋桨轰轰作响，听不到任何话语声，手势与眼神成了唯一的作别方式。

"海上一别，不知何时再相见。""海洋石油981"实施经理曲海龙顿了顿说，"今天最难受的，应该是王付秋吧。"

王付秋，一名总是面带微笑的山东汉子。但谈话的同时，他却摘掉眼镜，开始使劲儿揉眼睛："黄玉泉、申智、叶军、庞伟东……"他挨个儿数着这次离开"海洋石油981"的兄弟。"人在身边，没啥感觉，突然要分开了，过去的事儿像放电影一样在脑海中浮现。"这些天，王付秋一直努力压抑着情感。

2013年元旦，在转场作业的航行途中，海况恶劣，天车快绳轮的轴承出现故障。在做好安全防范的前提下，身为维修监督的王付秋，带着兄弟们开始抢修。横梁悬空，王付秋系着安全带与四根尾绳，爬到横梁上去拆卸螺栓。正要动身，几只有力的手臂从后面紧紧扶住他："我们帮你一把！"一瞬间，王付秋浑身有使不完的劲儿。

王付秋说，这样的画面有很多。在这帮兄弟当中，他最不舍的还是电气工程师黄玉泉。11月19日，临别前夜，在高级电仪师倒班交接记录上，黄玉泉富有诗意地写道:"从来离别都是伤感的。如果我能,我愿将心底的一切糅进今日的分别。但是我不能!那么,就让我们以沉默分别吧,这是一座火山的沉默,它胜过一切话别。你将继续承载开发蓝色国土的希望,而我,将去寻找同一个未来。"

分别时刻还是来了。搭载黄玉泉等人的直升机起飞前,平台吊车管线出现小故障,原打算来送行的王付秋赶紧去作业现场抢修。欠黄玉泉一个拥抱,成了他心里难以抹去的遗憾。王付秋说,幸运的是他俩在清晨合了张影。这张照片中,波浪翻腾,阳光穿透云层,黄玉泉与王付秋背对镜头,一同望向远方。

于惊涛骇浪中,"海洋石油981"团队的作业时效不断刷新纪录。截至2014年年底,该平台共完成21口千米级水深的超深水井钻完井作业,平均作业时效高达96%;创亚洲最大作业水深纪录;打破业界新建井周期、下钻速度等多项作业纪录。艰辛、努力、拼搏后,他们迎来了成绩和荣誉,2015年年初,"超深水半潜式钻井平台研发与应用"项目荣获2014年度国家科学技术进步奖特等奖。荣誉,不是努力的结局,而是下一步征程的开端。我们有理由相信,未来,"海洋石油981"团队将带给我们更多的惊喜和自豪。

让中国巨轮远航世界
——上海外高桥造船有限公司总经理王琦

"让中国的海洋装备成为世界一流。"

——王琦

2007年，世界最大吨位的海上浮式生产储油船"海洋石油117"号成功交付使用。

2014年，我国首座自主设计、建造的当今世界最先进的第六代3000米深水半潜式钻井平台"海洋石油981"获得国家科技进步特等奖。

"海洋石油117"和"海洋石油981"均由上海外高桥造船有限公司（以下简称外高桥造船公司）建造完成，并且出自同一个项目经理——王琦。在同行眼里，他是一个技术过硬，思想超前，敢为人先，永远愿意接受挑战，注重创新的强大对手。在员工眼里，他是一个坚持"以人为本"，注重员工发展、企业文化建设，既"高大上"又"接地气"的精神领袖。

这个被誉为"中国第一船厂"的外高桥造船公司,坐落于上海长江口南港河段南岸。在这里,王琦和他的团队,用智慧和汗水,让中国巨轮远航世界,为民族振兴打造平台,为国防建设贡献力量。

攻坚克难　实现中国造船史上的数个"第一"

2005年3月1日,对上海外高桥造船有限公司来说是值得载入史册的一天,对王琦来说同样意义非凡。这天上午,公司与美国康菲石油中国有限公司签订了渤海二期蓬莱19-3油田二期开发项目200万桶FPSO(海上浮式生产储油船)船体部分的设计建造合同,意味着外高桥造船公司向海洋工程建造领域迈出了极为重要的一步。

为了保证项目能够按照合同要求,高效优质地完成建造任务,公司特意配备了精明强干的项目管理团队,由时任公司总经理助理的王琦担任项目经理,公司高级专家任项目副经理,公司精选的设计、商务、采购、建造、调试、质量、安全等各相关管理部门的业务骨干担任项目分经理。该项目组共有成员65人,其中博士2人,硕士5人,大学以上学历员工占86%,平均年龄31岁。合同签订后,公司也在人员使用政策上为本项目"大开绿灯",结合项目的实际要求为项目组选拔了既懂造船,又熟悉海工的人才。使得各部门能放心地将骨干人才安排到项目组,既确保了项目组有雄厚的人员基础做支撑,又保证了公司其他产品的正常建造。

"该项目是外高桥造船公司与韩国三星、大宇、现代等国际上知名的海洋工程建造商同台竞争后的结果。"回想起投标过程,王琦告诉记者,由于FPSO船体建造项目内容复杂,技术要求高,投资巨大,涉及的施工界面多,在项目伊始,美国康菲公司就对各分包商严格把关,使外高桥造船公司的投标过程困难重重。一轮又一轮的投标过程,一次严过一次的工厂考察,给外高桥造船公司带来了一种特殊的紧张气氛。

"压力触发动力,我们不断改善基础管理,加强内部整顿,有不符合要求的项目就立即整改。最终,我们公司突出重围,战胜了日韩等知名造船企业,不负众望地接下了船体部分的EPC合同(Engineer设计,Procurement采办,Construction建造)。"王琦说。

大海星空
2014年度海洋人物

领衔建造我国第一艘完全自主知识产权的30万吨FPSO"海洋石油117"号，王琦认为，必须完全按照国际海洋工程的标准和规范来管理运营项目。"这既是项目的要求，也是公司全面提升管理水平的机会。"王琦说，公司给予项目组充分的授权，这种充分授权的组织结构既是国际海洋工程项目的必要，也是项目成功实施的保证。

"海洋石油117"号是为渤海边际油田特制的技术最新的超大型浅吃水FPSO。2007年4月30日，"海洋石油117"号按时完工交船。该项目获得2010年上海市科学技术奖二等奖、2011年中船集团科学技术进步奖一等奖，实现了中国船舶建造史上的数个"第一"：迄今为止国内建造的最大吨位的船舶；当时合同金额最大的单项民船合同；我国船厂在海洋工程领域完全按国际海洋工程标准、惯例承接的第一个EPC合同。

作为项目的技术和建造最高决策者，王琦组建了外高桥造船的海工部。同时他也是上海市高新技术产业化项目《大型浮式生产储油装置（FPSO）研制》项目的技术负责人，第一次在国内的船厂建立起了符合国际惯例要求的项目管理组织，建立了包括所有分包商在内的质量控制体系，组织攻克并解决了上海地区特定潮湿环境下，FPSO模块支墩和单点等结构超高强度、大厚度钢板焊接中的重大焊接裂纹和焊接变形控制技术难题，同时编制行业标准2项，在"海洋石油117"号的高质量完工交付中起到了关键性的作用，该装置至今已在渤海湾蓬莱19-3油田连续作业八年，无任何质量问题。

王琦坚信，创造机遇，敢压重担，有利于促进团队成员的快速成长。更新观念，诚信进取，才能创造诚信和谐的团队文化。因此，他把培养人才、凝聚人才、构建和谐团队作为工作重点，以"科学管理、规范施工、追求卓越、争创精品"为目标，以"立足本职、技术创新、敬业守信、无私奉献"为工作理念。通过该项目，王琦除了为企业建立了一整套海洋工程标准的管理及运行体系，还创建了一个"学习型、创新型"的海洋工程项目管理团队。

勇担重任　领衔打造国之重器"海洋石油981"

"海洋石油981"项目是国家"863"重点项目，承担着为我国南海深水油气资源勘探和开发的国家使命，无论是规模还是技术都属国内领先，国际先进，然而，由于是我国首次建造，没有任何经验可以借鉴，有数十个科研技术难关亟待攻克。面对前所未有的挑战，时任外高桥造船公司副总经理的王琦义无反顾地担当了这项使命，承担起这座世界最先进的第六代半潜式平台设计、采购和建造的总负责工作，他说："这是一个必须承担的责任，也是一次承载着中国巨轮驶向深蓝的机遇。"

作为"海洋石油981"的项目经理，王琦下定决心要向国家交出满意的答卷。他从2006年就开始为此奔波忙碌：投标竞争、组建团队、走访调研。他从各个部门抽调最能干的精英，组成"海洋石油981"项目组，从新加坡、美国等国家聘请了世界顶级专家参与项目。

2008年4月28日，上海外高桥造船厂里，数控等离子切割机切割了第一块钢板，标志着"海洋石油981"正式开工。

王琦告诉记者，"海洋石油981"的总体建造过程就像搭积木，首先将其分解为200多个100多吨的分段进行建造，完成后，运输至外高桥造船厂一号船坞边的组装平台，再组合成为几百吨的总段，最后通过1000吨级的龙门起重机吊装搭载在一起。"过程听上去简单,但由于'海洋石油981'未来将工作于环境恶劣的南海,对建造质量的要求几乎苛刻,在实际建造时,每一个过程都存在各种困难。"

项目开工初期的一天,"海洋石油981"项目组计划经理刘耀阳在建造现场检查施工进度时,碰到了王琦。让他没有想到的是,王琦和他看完现场回办公室的路上,就跟他指出了问题所在以及预期的影响范围:"劳动力太少,场地不足,肯定会影响项目总体进度,进而影响到船坞周期,甚至影响到其他在建项目。"王琦交代他马上策划,采取应对措施,追加人力,适当引进外部资源。王总为何突然做出这个决定?他问了工人才知道,王总可不是第一次来生产现场,连续2周,他总来生产一线了解情况,他做出这一决定是经过深思熟虑的,果断而不武断。

整个"海洋石油981"平台焊接长度是240公里,这个距离,大约是北京到天津的两倍距离,焊枪走过的实际距离要远远超过这个长度,加上大量使用超高强度钢,给施工质量和进度带来了巨大挑战。如果不是王琦在项目初期的及时"干预",做出加派人手的决定,公司总体生产经营计划和公司声誉肯定会受到影响。

"海洋石油981"平台可以在水深3000米的地方作业,最深可达10 000米。与复杂的工艺相比,王琦认为,在"海洋石油981"平台的建造过程中,更多遭遇的是人的挑战。整个建造过程使用了600万个工时,也就是600万人同时工作一小时的工作量。在2009年建造高峰期,平均每天有1200人在现场施工,最高时达到1500人。这对施工人员的要求很高,不仅要数量,还要质量。

2009年4月20日,外高桥造船厂一号船坞举行铺底仪式,"海洋石油981"平台开始吊装。

"吊装高84米、重1000吨的井架,是整个建造过程中最具挑战的环节之一。"负责井架吊装技术钻井室的副主任曾骥说,浮吊要把分成三节的井架在高空一段一段地吊装对接好。他告诉记者:"每一节井架上下两个部分有4个对接点,要分毫不差地吊装在一起,对精度要求特别高,而第二、第三部分都是在海上吊装完成的,浮吊、平台处于动态之中,难度很大。"为确保海上安全、准确吊装到位,王琦带领研发团队与哈尔滨工程大学的教授们合作开发了"海上井架吊装运动预报及实时动态监控系统",并邀请中国海洋石油总公司的曾恒一院士等专家对方案进行了评估,通过实时监测风浪流的环境条件,精确计算出浮吊、平台、井架分段三者之间的角度和高度,并做好相应的风险防范措施,责任落实到人,最终,成功完成了井架的吊装。

2011年夏天，已经离开船坞一年多的"海洋石油981"平台进入最后一个关键建造环节：在海面安装8个大马力推进器。这也是它在南海风浪中保持稳定的最主要依靠。

除了锚泊，"海洋石油981"平台拥有被称为"DP3"的动力定位系统，由GPS卫星定位、调整系统和可以360度旋转的推进器组成。即使遭遇17级台风，计算机随时根据定位，调整推进器的方向和马力，最终使"海洋石油981"平台稳定于海面一个点。推进器高3米多，无法在外高桥造船公司的码头安装。必须拖航至舟山附近30米深的海域才能完成安装作业。这也是中国第一次在海上进行深水半潜式钻井平台的推进器水下安装作业。

"先由浮吊船将推进器吊入水下21.5米处，然后潜水员将推进器上的牵引钢丝绳拉到浮箱下的提升缆绳上。这样再用浮箱上的机器通过提升缆绳将推进器拉近，最终对位进去浮箱下的开口。"王琦说，在东海的风浪中，这项工作一度因为推进器和开口尺寸问题停滞了两天。他承认，在历时3年多的建造过程中，"海洋石油981"平台遭遇了诸多意料之外的挑战和困难，但是年轻的海工团队成功借鉴了从"海洋石油117"船中学习来的先进国际海洋工程项目的管理经验和设计经验，平稳有序地推进了"海洋石油981"平台的设计、建造、调试和海上安装联合调试。

尽管这一团队有60%的人员是2006年至2009年才离开学校的新人，每个岗位的平均年龄较世界领先的韩国现代、三星船厂都有10岁左右的差距。但王琦认为，他们是真正和"海洋石油981"平台一起成长的人。

在浙江舟山海域进行海上测试期间，"海洋石油981"平台遭遇了16级超强台风"梅花"的洗礼。这一夜，王琦一直在海工团队的办公室里，接收着前线平台上的各项数据，保持与前线的及时沟通。他对精心培育的"孩子"有信心，前期已经做好了充分的应对措施，可毕竟是第一次遭遇强台风，他仍寝食难安。直到平台经受住了台风的考验，他才安心。最终经过6个月的海上艰苦拼搏，顺利完成了钻井系统试验等各项钻井前的联调任务。

作为我国南海油气资源开发的主力装备，投资60亿元的"海洋石油981"平台已成为名副其实的南海上流动的"国土"，填补了我国在深水钻井特大型装备项目上的空白，标志着我国深水油气资源的勘探开发能力和大型海洋装备建造水平跨入世界先进行列。该项目获得2014年国家科学技术进步奖特等奖、2013年上海市科学技术奖一等奖。

从切割第一块钢板,到进行平台海上移交,大约1000天的建造、调试过程,凝聚了王琦的智慧与心血。他感叹:"接到'981'订单时,我们一穷二白,而现在,我们已经进入到了海洋工程高端制造领域。"

创新引领　带领外高桥造船走向世界

2011年,王琦担任外高桥造船总经理,秉持绿色环保、创新引领的宗旨,坚守"世界品牌,中国创造"的信念,立志将外高桥造船公司打造成"中国领先,世界一流"的海洋装备企业。

在此之前,王琦博士毕业即投身于海洋装备相关的商务、技术和生产管理工作。2001年至2004年,王琦担任公司副总工程师期间,负责公司新产品的研发和技术基础、技术进步工作,是公司建立标准化体系、科研项目管理体系、初步设计/详细设计体系、推进公司成为国家级技术中心和高新技术企业的领导者。

凭借多年的技术研究和企业管理经验，王琦早已具备国际化视野。他提出，要将企业竞争的主战场定位于国际市场，将竞争对手锁定为日韩欧美等先进船舶和海洋工程装备制造企业，要成为行业的领跑者。外高桥造船公司90%以上的产品都是出口产品，船东分布于亚洲、欧洲、美洲的十多个国家和地区，其中不乏享誉全球的大集团和航运公司。为适应不同国家和地区船东的不同管理理念和管理方式，王琦不断学习，借鉴世界各国和地区的管理技术和管理经验，注重与船东驻厂代表进行文化交流和沟通，不断调整自身的管理理念和方式，努力克服不同国家和地区之间的文化差异和冲突，逐步形成互补的企业管理文化，促进了企业管理的日益完善。

如今，外高桥造船公司三大造船指标"交船总量、新接订单、手持订单"持续世界领先。2013年公司交船总量全球第三，新接持单全球第一，手持订单全球第一，全年造船完工34艘/565.95万载重吨，位居国内第一，承接订单超过1000万载重吨，创国内船厂新接订单量纪录。2014年交船总量全球第三，新接订单全球第二，手持订单全球第一。全年实现完工交船32艘/499.75万载重吨，造船完工总量继续保持全国同行业第一。

这张"成绩单"背后，是王琦多年来用智慧和汗水写下的"功课"。

2012年年初，金融危机的深度影响开始显现，我国造船企业经营生产面临严峻的挑战，可以说如履薄冰、举步维艰。面对复杂的国际船舶市场的波动，王琦敏锐地把握船舶市场形势，提出了以管理提升促转型破局的经营理念，制订了"产业结构调整、产品升级换代，做强船舶、多元发展"的战略。他"变坐商为行商"，亲自带领经营、技术团队，主动出击、探寻潜在商机、回访合作伙伴，积极参与国际市场的激烈竞争。他凭借敏锐的市场嗅觉和果敢的决策力，大力推进节能环保产品的研发和市场推广，公司新开发的节能环保船型实现了节能20%以上的良好表现，深受国内外客户青睐。为提高公司在国际市场的知名度，扩大影响力，他主持召开公司新产品欧洲推介会，使经营接单量提升明显，成绩斐然。

在做强海洋运输装备主业的同时，王琦坚持适度相关多元化的原则，以海洋安全、海洋运输、海洋科考、海洋开发装备四大海洋装备为核心，选择有成长潜力、并且与造船核心竞争力有交集的新能源装备、智能机械装备、现代生产性服务业作为多元化发展方向。2013年合资成立了上海中船船用锅炉设备有限公司，2013年

12月通过收购成立了中船圣汇装备有限公司。他积极探索开拓多元化产品市场，开展液化天然气储存再汽化装置、沿海沿江小型LNG（液化天然气）运输船/加注船、LNG动力船燃料储存及供气系统等项目研发。他开展产融一体化实践，与中船租赁共同成立航运公司，实现了新的业务拓展。这一系列大动作、大举动，建立并巩固了外高桥造船公司"国内领先，世界一流"的产业地位。

积极对标国际一流海洋工程装备企业，是王琦推行的另一大举措。他要求管理团队和全体员工与日韩先进造船企业对标，找出差距、奋力追赶。在王琦的倡议下，公司每年派出管理者，前往日韩先进造船企业，如现代重工、三星重工、大宇重工等工厂进行考察学习，通过对标，有效促进了企业管理水平的提升。

与此同时，他率先在公司推动以信息化带动工业化、以工业化促进信息化的"两化融合"道路。通过细化目标指标，创新性引入新型能力指数概念，带领技术团队坚持十年，使外高桥造船自主开发的造船企业管理系统（SEM）和相关管理体系、自动化设备联通起来，使得外高桥顺利成为我国船舶行业首家两化融合贯标审核企业，为促进船舶企业向智能制造模式转变打下了坚实的基础。在此基础上，王琦又组织人力以大数据为基础、通过先进的IT技术，建立了钢材和分段堆放以及设备与零部件的管理系统，在生产过程和材料监控方面应用IT技术。生产管理和生产运行人员可以在线监控，分段流转与搭载以及物资到货与仓储等信息，有效地提高了工作效率和避免任何的工期延迟。

"'转型创新'成为近十年来外高桥造船公司抢抓船舶制造产业市场高峰期战略机遇，瞄准核心技术带动产业发展，做大做强海工装备产业，消化吸收和工科新型自升式钻井平台设计建造关键技术的诺亚方舟。"王琦说，"两年多的实践证明，创新策略非常正确。使企业经受住了严峻考验。"目前公司已经形成"民品与海工并举，其他产业为辅"的产业格局。近年来，外高桥造船公司的转型创新工作环环相扣、步步深入，一刻也未中断。2014年公司针对新的发展态势，在原来的基础上明确了"以市场机制整合内外资源，以营运效率提升经济总量，以精益管理提高经济效益"的经营方针，以及"改革、提速"的改革主题，并在产品结构、产业结构、技术创新体系、管理能力上大做文章。

在王琦带领下，外高桥造船公司不断优化公司产品结构，海洋工程业务快速发展，大型FPSO及3000米深水半潜式钻井平台、自升式钻井平台和海工辅助船都实现了批量建造,在国际海工界具有较强的影响力,为中国造船进入国际海工领域树立了品牌和信心。此外,他还探索出具有外高桥特色的"智能船厂"发展之路,组织人员进行智能焊接机器人、智能涂漆机器人的研制和智能仓储系统的建设。大幅度提高了产品生产、产业链运行的质量和效率,推动实现传统制造业的转型。

以人为本 不断强化企业软实力

在造出精品优质船舶的同时,王琦还十分重视企业的软实力建设,不管是企业文化和管理能力建设,还是在人才培养方面,用员工的话来说:"王总绝对是一个'以员工为本'的领导,很接地气。"

有着博士身份背景的王琦是一个注重知识分享的人,他经常给员工推荐书籍,有时候在报纸杂志上看到好的文章,都会分享给大家学习,在"海洋石油981"项目组成立之初,王琦还专门让公司订了大量行业内的专业书籍和杂志给员工学习。

对于企业管理能力建设,王琦不仅重视,还喜欢创新。他不断引进先进管理理念,创新先进造船管理模式,来提升企业发展质量与内涵。目前,公司多项管理指标领先于国内其他企业。他推进以"精细化派工""日计划对应率考核""中间产品完整性"为主要特征的精益生产体系,在国内处于领先地位。他重视技术、管理和商业模式创新,公司被列为全国"创新百强企业"试点单位。他将实名制、班组质量改善为特征的质量管理广泛推行。推进清洁生产,现场管理获得"全国五星级现场"称号,在船舶行业内首创安全体验馆、开展作业安全性分析活动。此外,公司的自升式钻井平台建造标准成为国标委综合标准化示范工程。

人才是企业发展的根本,王琦对于人才的重视和培养让很多员工受益,曾骥就是其中之一。2004年,曾骥来到上海外高桥造船公司工作,第二年就参与到由王琦担任项目经理的30万吨FPSO项目。曾骥参与了该项目的单点系泊系统等特殊结构的设计工作,并取得了不俗的成绩。王琦看到了曾骥在特殊结构、机械等方面的潜力,2007年,"海洋石油981"项目即将开始时,他就推荐曾骥结合工程项目的需要,去哈尔滨工程大学攻读博士学位,主修"深水半潜式钻井平台关键建造技术研究"。"用人取所长"是王琦的长项,在后来的"海洋石油981"项目中,曾骥学到的专业知识正好促进了平台钻井系统的设计和建造。曾骥出色的表现让王琦觉得他的潜力仍可挖掘，2014年，他又推荐曾骥到中国石油大学攻读海洋油气工程博士后。10年间，在王琦的引导下，一大批高学历的青年人才逐渐成长为业内技术骨干。

除了对内部人才的培养，王琦还注重人才的引进。在他的推动下，上海外高桥造船有限公司从韩国、新加坡、加拿大等招聘了一批技术和管理专家，建立了一套适应市场的海外人才管理与考核激励机制。

软实力是衡量企业综合实力的重要指标，多年来，王琦将企业文化与公司发展战略融为一体，并渗透到日常各项工作之中，从而使上海外高桥造船有限公司在世界船舶和海工市场的风云变幻中有了自己的定力和方向。

扛责在肩　倡导造船企业社会责任建设

面对海洋装备行业发展的大变革、大调整，王琦筑梦海洋、情系深蓝的理想和信念始终没有变，他激发和凝聚每一位员工的智慧，使外高桥造船公司持续保持世界海洋装备行业领先地位，他带领外高桥造船团队成功完成多个世界级的海工项目，取得了令人瞩目的成就。

在这些成就背后，我们不难想象他为此付出了多少汗水，而支撑他的除了刻苦钻研、不懈努力、勇于探索的精神，还有对社会的责任感。20多年的职业中，王琦承担了国家"863"计划、国家工信部等30余项重大科研研究工作。期间，编写著作3部、发表论文30余篇、获得国家专利7项（其中发明专利3项），国家科学技术进步奖特等奖1项、上海市科学技术奖一等奖1项、中国船舶工业集团公司科技进步奖一等奖1项、上海市科学技术进步奖二等奖2项、上海市高新技术成果转化领域精英奖1项，"上海市领军人物"称号。这一次，他成为2014年度十大海洋人物之一。

王琦是上海交通大学工学博士，研究员级高级工程师，中船集团海洋工程设计、建造专家，享受国务院政府津贴。作为国内从事海洋工程装备的研发、设计、建造和科研工作的专家型领导，王琦直接全过程担任过2个国际级海洋工程项目的项目经理，历任上海外高桥造船有限公司副总工程师、海工公司总经理、副总经理兼技术中心主任、兼集团海工部副主任、2011年通过竞聘成为中国造船业第一位博士总经理。

能力越大，责任越大。王琦不仅要把外高桥造船公司打造成为海洋装备旗舰企业，还时刻未忘把振兴我国海洋装备产业发展的使命与责任扛在肩上。在王琦的倡导下，外高桥造船公司从2011年开始，率先在行业内倡导造船企业社会责任建设，发布社会责任报告，引领绿色造船、节能降耗等理念，在船舶行业内起到了示范作用。

他坚持绿色造船，秉持绿色低碳理念，相继开发引领市场需求的绿色好望角散货船和巨型油轮，节能率均达到20%。为此，公司还被列为全国"百家节能减排示范企业"。

王琦注重"合作共赢"，在与客户、供应商等合作伙伴业务合作中始终坚持信守承诺，获得了合作伙伴的信任。"诚信合作"也给外高桥造船公司带了"惊喜"，即便是在船舶市场面临逆境时，公司也延续了100%的合作履约率。

注重员工发展和企业文化建设的王琦是员工眼中既"高大上"又"接地气"

的精神领袖。他关爱员工，倡导员工与企业共同发展的价值观，注重年轻员工的培养和发展，建立和谐劳动关系，员工队伍保持稳定，在劳务员工中培养了多名国家五一劳动奖章、劳动模范荣誉获得者和一名党的十八大代表。

在人生的长河中，每个人都怀有梦想。王琦，这位活跃在国际海洋装备市场的追梦者，一直将"让中国的海洋装备成为世界一流"作为他的梦想。面对海洋装备行业发展的大变革、大调整，王琦将继续带领外高桥造船团队，全方位发展海洋防务、海洋运输、海洋开发、海洋科考装备事业，既与世界知名船企同台竞技、争夺订单，也同世界海事界伙伴紧密合作，建成一艘艘精密复杂的巨轮和海工平台，让中国建造的海洋装备走向世界。

让中国"海马"遨游深海
——4500米级无人潜水器"海马"号总负责人陶军

"干一行、爱一行、专一行。"

——陶军

陶军，中国地质调查局广州海洋地质调查局（以下简称"广海局"）教授级高工，为我国海洋科学事业奋斗了30多个春秋。2008年至2014年，他率领国家"863"计划海洋技术领域4500米级深海作业系统重点科研团队成功研制了"海马"号无人遥控潜水器（ROV），这是迄今为止我国自主研发的下潜深度最大、国产化率最高的无人遥控潜水器系统，是继载人深潜器"蛟龙"号之后我国深海技术装备领域取得的又一标志性成果。

2014年，"海马"号无人遥控潜水器在我国南海进行了17次下潜作业，3次下潜到南海中央海盆4500米深处的海底，圆满完成了各项海试任务，并顺利通过了专家组的现场考核验收。

"海马"交上完美答卷

2014年4月18日清晨，中国南海中央海盆。此处，最大水深4500多米。身材健壮、声音洪亮的项目总负责人陶军正在指挥"海马"号无人遥控潜水器的深潜作业。只见他手持对讲机，沉稳地对"海马"号团队每一个岗位的作业人员下达着一道道清晰而果断的指令，并不时提醒大家各项注意事项。

一场精妙绝伦的深海演出即将徐徐拉开帷幕——主角是我国自主研发的首台4500米级无人遥控潜水器"海马"号（以下简称"海马"）。作业母船"海洋六号"早已开启动力定位系统，静静地等待"海马"入水。

"海洋六号"船后甲板上，绞车在转动。重达5吨多的"海马"被一条拳头粗细的缆绳稳稳吊起，紧扣在门形吊止荡器上，慢慢地向船艉海面倾斜。

"解锁！""放缆！"悬空的"海马"缓缓入水，在海面上下漂浮。片刻后，随着陶军一声"下潜"的指令，"海马"以每分钟40米的速度向南海深处潜隐而去……经过2个半小时的下潜，"海马"抵达海底。此时，屏幕左上方跳动的数据显示：所在深度4502.78米。

随后，在母船操作人员的遥控下，"海马"搜寻到前一天投放的水下升降装置，用机械手从中取出一个铭刻着中国国旗、国徽，约半米高的标志物，并将它永久安置在中国南海4502米深度的海底。紧接着，它又相继完成了地热探针测量、海底地震仪投放、海底沉积物取样等一系列深海作业以及定向、定高、定深航行等指标考核。

"海马"的每一个表演，都通过它所携带的高清摄像系统传输到母船监控室。17次下潜，3次到达4500米南海中央海盆底部，最大下潜深度4502米，完成了规定的海试全部考核项目和技术指标测试，通过了现场专家组确认的114项考核。

2014年2月至4月，陶军指挥"海马"与"海洋六号"进行了3个航段的海试作业。4月18日，是"海马"第17次下潜作业，也是第3次在南海中央海盆最深处4500米海底进行下潜作业。此次深海大考，"海马"交上了一份完美答卷。这也是中国深海技术装备从技术研发走向工程化应用的成功实践。为了这一天，陶军率领项目组已经拼搏了整整6年！

"海马"号成功的背后,凝聚着陶军和他所带领的团队一路走来的艰辛与汗水。陶军说,在"海马"完成验收潜次任务、被平稳回收至母船作业甲板的那一刻,足以让他在未知领域探索前行的过程中获得内心的满足。

一步一个脚印探索

陶军1963年出生在浙江杭州的一个军人家庭。他和海洋的"邂逅"纯属偶然。高考填报志愿时,他起初报考的是军校。后来,他的同桌告诉他,听说山东海洋学院(现中国海洋大学)海洋地质专业不错,毕业后可以走遍全世界。于是,陶军毫不犹豫地将第一志愿改为山东海洋学院。人的一生,往往是一些看似偶然的事情,就会改变自己的命运。从此,他与海洋结下了不解之缘。

临近毕业,陶军与同学跟随学校的"东方红"号船出海实习。当船进入黄河口时,他们遇到了风浪。像许多初次乘船的人一样,绝大多数同学都备受晕船的折磨,对未来的工作也有所退缩。但陶军例外,他不仅不晕船,反而调侃自己"人生的转折点,可能将从这里开始了",他说注定这辈子可能要与海为伴。

陶军的工作经历很简单。1984年，陶军从山东海洋学院海洋地质专业毕业后，进入广州海洋地质调查局第二海洋地质调查大队海洋工程地质调查队，由此展开了他探索海洋的奋斗轨迹。

投身海洋地质事业就意味着选择了艰辛——长期的海上颠簸和远离家人的孤寂。在世人眼中这是个十分艰苦、充满着风险的工作。由于行业的特殊性，工作条件和待遇也相对较差。在20世纪80年代，国家刚刚改革开放之初，不少大学生因对分配的单位不满意，选择了离开单位自谋出路或者从事经商等活动。当时，与陶军同期来单位的毕业生，都因适应不了出海工作的艰苦纷纷跳槽离开，但他却选择继续留在这里，而且一待就是30年，把自己的青春烙印永远地铭刻在了大海上。

刚一入职，陶军就被安排到了"奋斗5号"船上，参与"珠江口盆地海洋工程地质调查"项目，开始接触海洋地质调查取样工作。"要想在海底做到精确取样非常困难，因为船会随涌浪的波动而晃动，取样点和设计点就会出现偏差。"他回忆说，有一次，他所在的地质组给某石油公司做监测调查，该公司要求取样点与设计点之间的误差不能超过30米，但由于船的原因，当取样器下到海底时，误差早已不能满足规定的位置精度。于是他提出先将取样器放入离海底比较近的地方，然后船再慢慢靠近进行取样。最终，他们圆满完成此次任务。

陶军说自己的"优点"就是"干一件事，然后就去琢磨这件事儿"。正是凭着这股子韧劲和执著，他在先后参与的中国多金属结核开辟区及富钴结壳靶区资源勘探与评价、南海矿产资源调查研究专项、我国海域海洋区域调查和国家"863"计划海洋技术领域的科研项目中，先后设计研发了海底摄像、保压取样和ROV等技术装备，并获得两项国土资源科学技术二等奖和多项国家发明专利。

1989年7月，组织上安排陶军到广州海洋地质调查局第二海洋地质调查大队深海远洋队工作。1992年，他登上"海洋四号"船，第一次远征太平洋，开始执行"中国多金属结核开辟区及富钴结壳靶区资源勘探与评价"项目任务，担任海洋地质工程师。陶军自嘲是一个"懒人"，因为想省劲儿，在科考过程中，他开动脑筋，搞了许多取样作业方式方法的小改造、小发明，大大减轻了海上作业人员的劳动强度，提高了工作效率。

他回忆说，当年在调查深海锰结核时，通常会采用无缆抓斗进行很多站位的取样。无缆抓斗是一种利用铁砂当重力，把带有浮球的网兜取样器下放到海底采集样品的装备。当在一个站位完成锰结核样品采集任务后，要由两名科考队员用碗口粗的毛竹穿过无缆抓斗的铁架，将重新装满铁砂的网兜取样器连同本身就很重的无缆抓斗一起，从船艉抗到船头，为下一个站位的取样做好准备。每个大洋航次要执行上千个站位的无缆抓斗取样，每个站位要投放3个无缆抓头。由于毛竹经常被挑断，所以每个航次出海前要准备成堆的毛竹备用。陶军亲历了"肩挑背扛"的痛苦后，认为"这样作业费时又费力"，于是他就在心里琢磨开了省力的办法。他测量了无缆抓斗的尺寸，回到陆地后就给单位的修配厂画了个草图，让工人照样做了个放置取样器的小车。1994年再次出海时，他将自己设计的小车带到了船上，首先在他所在的小组试用，原本两个人的工作量，现在一个人就可轻松完成，其他作业组也纷纷采用了陶军的小车，从此以后再也没有人买毛竹了。

1996年，国家"863"高技术研究发展计划实施后的第十个年头，设立了第八个领域——海洋技术领域。当时，"海洋四号"船配备有一台进口的深海照相机，这一设备是通过高度控制对海底进行拍照的，准确地说就是"盲拍"，作业人员并不能在甲板上实时观看到照相机拍摄的图像，必须要将它回收到船上冲洗胶片才能

看到照片。在多年使用之后，深海照相机的充电电池续航能力大不如前，经常需要更换。到1997年，这台深海照相机更是故障频频，严重影响海底拍摄任务的完成，于是陶军又开始琢磨是否能将微型摄像机装在深海照相机的抗压舱内，通过"海洋四号"船的温盐深铠装缆传输监控图像进行海底摄像。经过反复思考，他编写了设计方案和图示，在海上用传真把方案发给了和他有科研联系的中国地质科学院和美国SOSI公司。地科院的科研人员积极响应了陶军的研发设计，而美国SOSI公司技术人员给予的回复则是"不可行"。

1998年1月的北京，陶军踏着积雪前往中国大洋学会科研项目申请评审会场。在会上，他介绍了他与地科院科研人员研究形成的"6000米深海彩色数字摄像系统"研发方案，评审专家们支持了他的想法和设计。陶军还清楚地记得当时海洋局吕文正研究员在会后拍着他的肩膀说"陶军啊，专家组支持你的这个想法，值得去试试"。

在1998年大洋航次出海前的半年时间里，陶军和地科院技术人员全力拼了！他们完成了系统设计、部件采购加工、软件编制和调试等全部工作，赶在"海洋四号"出海前将这套深海数字摄像系统做出来了。当时，项目组出海人员只有陶军一人，他一个人在海上取样工作之余完成了摄像系统与CTD绞车的连接和调试。当这套系统第一次下放到海底，中国人第一次用自己研发的设备实时看见了5000多米深大洋海底的锰结核。

广海局和中国大洋协会对陶军团队的这项科研成果非常重视，追加经费支持继续研发。这套深海海底彩色数字摄像系统的研发成功，填补了我国海底矿产资源调查技术手段的一项空白，技术达到了当时的国际先进水平。此后，国产的海底摄像系统逐渐成为国内深海科学调查的常规装备，再也不需要进口。可以说，陶军是我国深海海底摄像技术装备国产化的先行者和奠基人。

2001年，陶军带着他们研发的这套深海海底彩色数字摄像系统参加了西沙海槽区天然气水合物资源调查，首次通过海底摄像发现了水合物赋存证据——碳酸盐结壳，为南海水合物资源调查做出了突破性贡献。

2002年3月，陶军被任命为广州海洋地质调查局海洋地质勘察技术方法所新成立的深海探查技术室主任。在他的带领下，广海局无人遥控潜水器等深海探查技术与装备从无到有、从弱到强。陶军还培养了一批深海探测技术科研人员，他们不仅在设备研发方面拥有较强的实力，而且在海上应用、维护方面具有丰富的经验，深受国内外同行的好评。

在海上栉风沐雨、迎风斗浪，在办公室废寝忘食、竭尽才智，就这样，在专业上不懈追求的陶军，从助理工程师开始，一步一个脚印，逐渐成长为深海探查技术领域的带头人，走到海洋科学的最前沿。

自主研发深海装备

海洋是国家综合实力和高科技的竞技场，深海作业系统是重要的海洋探查和作业平台。深海潜水器技术与装备作为海洋探查和资源开发利用不可或缺的手段，同时也是制约国家"开拓深海和大洋"的瓶颈，其技术水平在一定程度上标志着国家海洋资源勘探开发甚至海洋权益维护能力和科技水平，发展该项技术不仅对国民经济和社会发展以及国家军事安全有极为重大的意义，还对未来的海洋空间利用、海洋旅游业、深海打捞、救生等有着不可估量的价值和战略意义。

深海作业系统的研发应用，在全世界已经有半个多世纪的历程。然而，能够自主研发这类系统的国家依旧寥寥无几。如今，美国、日本、俄罗斯、法国等发达国家早已拥有从先进的水面支持母船，到可下潜 3000～11 000 米的潜水器系列装备。

与世界发达国家相比，我国海洋探查技术装备水平还存在一定差距，尤其是面向深海的装备技术水平差距比较大。在远洋科考中，我国使用的深海调查设备绝大多数是进口产品。面向深海的诸多关键技术仍为少数发达国家所垄断，即便进口，后续技术支持和技术服务也常常受制于人。这严重限制了我国向更深更远的海洋进军的步伐，更严重制约了我国参与国际海洋竞争的能力。因此，突破深海重大技术装备研制的瓶颈，自主研制实用化的 4500 米级深海作业系统，实现装备系统的国产化，摆脱深海装备技术受制于人的被动局面，形成 4500 米级深海作业能力，成为当务之急。

4500 米，是我国南海中央海盆的深度，更是一个具有我国海域特点的深度。这一深度，可以覆盖我国南海 98% 的海域以及国际海底富钴结壳资源富集区和绝大部分的热液硫化物富集区。研制这一深度级别的深海运载和作业设备，能够满足我国绝大部分深海探测和作业的相关需求。

研制一套国产化的深海无人遥控潜水器是陶军和我国深海技术装备研发"一代人"的梦想。从 2003 年起，国内同行专家就一直在努力推动国产化无人遥控深潜器的立项研发。"十一五"期间，国家高度重视海洋技术尤其是深海技术的发展，《国家中长期科学和技术发展规划纲要（2006—2020 年）》在重点任务中提出"重点支持深（远）海环境监测、资源勘查技术与装备，深海运载和作业技术与装备成果的应用"。到 2007 年，我国自主研发深海无人遥控潜水器项目"4500 米级深海作业系统"终于被列入国家"863"计划立项申请指南。

经反复调研和专家论证，我国于 2008 年年底启动了重点项目"4500 米级深海作业系统"（即"海马"号无人遥控潜水器）。2009 年，科技部、国家海洋局联合发布了《国家深海高技术发展专项规划（2009—2020 年）》，该项目被纳入深海潜水器技术与装备重大项目。

深海潜水器技术与装备重大项目的主要目标，是实现深海运载和作业技术的国产化，不断完善我国深潜装备技术体系，"十二五"期间初步形成 4500 米水深级的综合探查和作业能力。4500米级深海作业系统的研究目标是研制一套实用化的强作业型潜水器及其作业工具系统，作业范围包括深海海底观测网布放和维护、海底探测和取样等，并能突破深海潜水器的关键技术，实现装备研制的国产化，并探索一条有效的运行、应用机制和管理模式，为形成国家级公共试验平台、为今后更大水深潜水器的研制和应用奠定基础。

4500米级深海作业系统的主要装备成果是4500米无人遥控潜水器（ROV）"海马"号，该装备与4500米载人潜水器、4500米自治式潜水器共同构成4500米水深级的装备体系。据陶军介绍，ROV为无人、有缆系统，它不同于载人潜水器，它是通过脐带缆与水面母船连接，脐带缆担负着传输能源和信息的使命，母船上的操作人员可以通过安装在ROV上的摄像机实时观察到海底状况，并通过脐带缆遥控操纵ROV及其机械手、配套的作业工具，从而实现水下作业。由于是无人有缆系统，ROV具有作业能力强、作业时间不受能源限制、无人员风险等优点，因而成为水下作业、尤其是深海作业不可缺少的装备。

为了改变"重成果轻应用"的科研工作局面，国家"863"计划海洋技术领域创新了项目管理模式，确立了以用户为核心的业主制管理机制，对重点项目"4500米级深海作业系统"提出了直接服务于深海资源探查应用的目标。国土资源部作为项目主持部门，牵头联合上海交通大学、浙江大学、哈尔滨工程大学、海洋化工研究院有限公司及同济大学共同承担研制工作。他们决定以产、学、研、用相结合的方式，力促深海设备的工程化和实用化。

踏上筑梦深海之旅

广州海洋地质调查局是"海马"号研制项目的牵头单位，也是这套深海设备研制完成后的业主。为了这个项目的顺利实施，他们必然要派出一位"大将"担任项目总负责人。2008年，陶军被指派担任这个重点项目的"主帅"。

从2008年至2014年，陶军一直奔波或驻扎在上海交通大学、浙江大学等参研单位。这两个单位是"海马"本体和液压动力系统及机械手的主要设计研发单位。在6年时间里，陶军率领项目团队科研人员首先剖析、借鉴了大量的国际先进技术，形成了具有中国自主创新特色的"海马"号潜水器总体设计方案。随后，突破和掌握了深海无人遥控潜水器的设计与制造、系统控制与在线检测、远程高压电力传输与分配、长距离信息传输与实时数据分析处理、大深度水下液压动力源研发、观通导航与多向自动推进控制、大深度浮力材料制造、多功能机械手和作业工具设计制造、大负荷升沉补偿系统制造、系统集成和联调等核心关键技术。陶军率领的科研团队是一个汇集了国内业界优势研发力量组成的优秀协同创新团队。经过6年的潜心攻关、勇于探索和不懈努力,终于取得了实质性的进展。

整整6年,陶军心无旁骛,执著于"4500米级深海作业系统"研制。这个国家"863"计划海洋技术领域重大项目的"项目长",率领着一支中国海洋科技界的精英研发团队,协调着3所大学、几家研究院所、几十家合作单位、近百家协作工厂的科技力量……

"海马"号研制涉及的技术问题繁多,装备有水下摄像照相系统、声呐、作业工具、多功能机械手,并有可更换的、不同功能的水下作业底盘,还具有辅助海底观测网布放维护的功能。相关技术和装备国产化率达到90%以上,是迄今为止我国自主研制的下潜深度最大、国产化率最高、系统规模最大的大型无人遥控潜水器作业系统。

让中国"海马"遨游深海

在研发过程中,陶军不容许自己有半点疏忽和闪失。"国家投资这么多经费,把这个任务交给我,不尽最大努力把这个项目做好,我自己这一关就过不去!"

与陶军熟识十几年的项目团队同事、我国潜水器技术专家、上海交通大学海洋研究院副院长连琏教授告诉记者:"别看他平时默不做声,但他对海洋事业非常执著。我们一起走过6年,没有他的坚持,没有共同的理想和努力,就没有如今的'海马'。"

生活中,陶军为人平易而低调,但在严谨科研、认真敬业的工作当中,他的身上却体现着勇于担当的精神。他是项目组成员的"主心骨"。他代表业主单位,把不同专业、不同风格、不同体制、不同系列的数个参研单位凝聚在一起,同心协力,引导研发设计方案满足国家海洋探查的实际需求;在项目研制的困难时期,他主动承担责任,顶起巨大压力,与科研团队共渡难关。

2014年2月26日,"海马"号第4潜次试验,当潜水器下潜到70米后,计算机显示补偿器液位异常,试验被迫终止。经过回收检查,发现有海水进入补偿器。针对这一问题,陶军率领项目组系统软件编制人员现场开发了一种可实时监控补偿数据变化的软件。借助这一软件,技术人员发现补偿器油量不足,并就此采取措施,保障了试验顺利。这个现场监控软件是"海马"号海试工作中的一项重要成果,是国产自行研发设备海试方法方面的一个创新突破。

在"海马"海试第12次深潜后,浮力材料暴露了一些局部缺陷。能否再探深海,研制单位也有些拿不定主意,陶军当机立断,制订了修复方案,并及时修改了海试计划。最终,修复后的国产浮力材料通过4500米的深海检验,保证了"海马"顺利通过海试验收。

2014年春节刚过,陶军就率领项目团队奋战在"海洋六号"船上,他们的元宵节是在甲板上度过的。"海马"的海试过程,出现过各种技术问题和系统故障。陶军深知一套复杂的国产ROV系统的海试是不可能一帆风顺的。因此,他一方面率领项目组人员做好各种可能出现问题的预判和解决方案准备,一方面让"海马"从浅向深稳步前进。从珠江口到南海中央海盆,"海马"下潜海底的作业深度在刷新:17米、30米、70米、100米、500米、1000米、1500米、4460米,相继完成了浅水、中深水、深水试验。

从初入水的"水土不服",到所有问题被一一破解排除,显示出陶军率领的这

大海星空
2014年度海洋人物

支国产化研发作业团队具有解决问题克服困难的卓越能力。2014年4月15日至22日,陶军项目团队和"海马"迎来了海试验收大考。国家"863"计划海洋技术领域办公室委派了以浙江大学徐文教授为组长的5人专家组,随"海洋六号"船远赴南海中央海盆,对"海马"进行现场验收。

陶军对于这次严格的深海大考充满信心。按照管理要求,验收专家组对照项目任务合同书和海上试验大纲,确定了114项验收考核指标,其中技术指标91项,并须重复再现,现场逐项检验。

事实胜于雄辩。陶军项目团队研制的"海马"号在深海大考中表现稳健,各种性能指标良好,以真实的数据顺利通过了专家组严格、务实的现场验收。它标志着我国全面掌握了大深度无人遥控潜水器的关键技术,填补了我国在这一领域的空白。国家"863"计划深海潜水器技术与装备重大项目总体专家组在"海马"返航海试总结会上说,通过严格的现场验收,证明"海马"号的成果是真实可信的。

2015年3月,广海局在南海北部陆坡西部海域开展天然气水合物有利区详查,陶军率领项目组首次将"海马"投入地勘应用,在调查工区执行3个站位的海底详

查工作。在3个ROV站位调查中，有2个站位发现了双壳类生物群、甲烷生物化学礁、碳酸盐结壳和气体渗漏现象。陶军喜悦地告诉记者，这些发现是我国在该海区首次发现的活动性"冷泉"标志，显示出该海域具有良好的天然气水合物赋存前景。

"海马"在3个站位的4次下潜作业过程中运行状态良好，操控性、可靠性、稳定性和各种扩展功能均满足"冷泉"探查作业的要求，在国家高科技项目研发成果的实际应用中首战告捷，实现了科研成果向地勘应用的快速转化。同时也是广海局在ROV设备地勘应用的探索实践中取得的新突破。"海马"这次成功应用，取得了我国国产化深海技术装备试验性应用和水合物资源调查成果双丰收。"海马"在"冷泉"区海底作业过程中的出色表现，证明我国在深海作业型ROV自主研发方面取得了实质性突破，同时体现了我国在水合物矿产资源领域具备了国际一流的科研水平和深海探查技术设备研发应用能力。

"海马"成功遨游深海，标志着我国全面掌握了大深度无人遥控潜水器的各项关键技术，并在关键技术国产化方面取得实质性进展，是我国深海高技术领域继"蛟龙"号之后又一标志性成果，实现了我国在深度无人遥控潜水器自主研发领域"零的突破"。

更大的抱负和追求

陶军说，他要做一颗"螺丝钉"，一颗把技术研发和实际应用紧紧拧在一起的螺丝钉，要把"海马"做成能在广州海洋地质调查局"海洋六号"调查船上投入实际应用的设备，而不是一台在验收后就束之高阁的摆设样机。这要求"海马"在保证安全性、可靠性的前提下，除了具备基础作业功能，还要具备扩展作业功能。他期待着，中国"海马"在今后更多的下潜应用作业过程中，能带给世人更多的惊喜。

"海马"只是一个起步，对于未来陶军还抱有更大的追求和期望："维持好目前这支精英团队，继续组织开展后续设备的技术研发，以实际生产应用为最终目标，使'海马'从研制到应用顺利衔接，并不断在实践中提升性能。"

2015年4月28日，"海洋六号"再次起航，赴西太平洋执行科考任务。其间，

"海马"号将首次开展试验性应用，在我国富钴结壳勘探合同区开展资源与环境等调查，对结壳的类型、丰度、壳层厚度等进行详细的科学考察。6月初，陶军再次出征，远赴太平洋执行大洋第36航次第二航段科考任务。他希望"海马"能在此次试验性应用中取得成功，并朝着新的目标迈进。

6月8日，是世界海洋日暨全国海洋宣传日。陶军在众多候选人中脱颖而出，荣膺"2014年度海洋人物"。在颁奖典礼上，陶军没有到场。代替他上台领奖的，是他的领导、广州海洋地质调查局局长温宁。在温宁的眼中，陶军工作起来就像个拼命三郎。"没日没夜，加班加点已经成为常态。"

在30年的海上生涯中，陶军把自己的时间和精力都投在了海洋事业上，他欠家人的实在太多太多，关于这些，他不愿多说，总是反复强调"这实在没什么值得说的"。在记者的一再要求下，他给记者看了他扫描并一直珍藏在电脑里的《人民日报》（华南版）于1998年5月20日关于"海洋四号"再赴大洋执行调查任务的报道，在报纸头版刊登的一幅照片上，留下了记者抓拍的陶军6岁的儿子在码头为他送行的感人瞬间，那是他第四次随"海洋四号"调查船执行大洋航次任务，那张照片定格住了陶军和儿子之间令人动容的浓浓父子情。

在迈向海洋的事业上，陶军把自己的人生紧紧地和祖国的科考事业结合在一起，走出了成功的人生之路。

陶军是淡定的，带着一颗淡泊名利的心全情投入工作。2010年，他主动卸任深海探查技术室主任，愿望就一个：把机会让给年轻人。他对名利的态度，对年轻人的关心、爱护和培养，令单位的晚辈感动、感慨。

陶军是坚韧的，在外人看来十分艰辛的出海生活，对他来说已经是家常便饭，他总是能以"非常淡定"的态度来克服各种困难，始终以坚强的决心、充足的信心、足够的耐心、坚毅的恒心来面对自己的海洋人生。

痴心铸剑探深海
——中船重工集团702所所长助理司马灿

> "海洋资源十分丰富,人要到海里去搞研究,离不开深海技术的支撑。"
>
> ——司马灿

深海运载作业平台的总设计师,是司马灿。2014年,该平台小型演示验证平台完成海试,标志着我国深海运载作业平台研制的关键技术取得了重要进展。

深海运载作业平台可在海底逗留数十天,不受海面恶劣风浪环境制约,可长周期、全天候在深海直接操控作业工具与装置,实施水下工程作业、资源探测与开发,被形象地称为"龙宫"。

从小与机械结缘

20世纪80年代初,湖南省汨罗市白水镇的一家修理车间里,还在上小学的司马灿最爱看父亲修汽车。他放学后常常跑到工厂里,给当修理工的父亲打打下手。慢慢地,他能叫出各类卡车、中巴车的名字,对汽车发动机上大大小小的零件也了如指掌,俨然成了个小汽修工,从此与机械和交通运载工具结下了不解之缘。

高中时司马灿开始了住校生活,学校就在汨罗市。从镇上到市里,交通工具是他熟悉的汽车。从小对机械感兴趣的司马灿,梦想着有一天能乘坐更大的交通工具。到高考填报志愿时,他打算实现自己这个梦想。"船肯定是最大型的交通运载工具了。"司马灿一琢磨,便报考了武汉水运工程学院的船舶与海洋工程系。

接到录取通知书那天,父亲十分感慨:"小汽修工如今要造大轮船啦!"去学校报到是父亲陪司马灿坐火车去的。这是父子俩第一次一起出远门,从小到大,因为家庭经济条件有限,司马灿还从来没有去过汨罗市以外的地方。父亲十分感慨,没想到司马灿在工厂里的童年时光,潜移默化地塑造了他的高考志向,在江边长大的小男孩,如今要奔向大海了。

甘心"蜗居"搞运算

司马灿的大学毕业论文导师是吴卫国,船舶力学方面的顶尖专家,长期从事船舶与海洋工程、结构工程的教学与科研工作。

"别的同学毕业论文通常会做船舶设计,但我选择做编程运算。"司马灿感到船舶设计只是利用现有经验做一些改进工作,对个人学术能力的锻炼比较单一。1996年,在做大学毕业论文设计时,司马灿从吴卫国那里接触到一个科研项目,是关于船舶振动计算分析的。他便立刻决定以吴老师的科研项目作为自己毕业论文的题目。

从查找文献寻找突破口,到编辑计算软件、建立数学模型,司马灿开始了在宿舍的"蜗居生活"。在当时,对于一个普通家庭来说,电脑可能还是刚刚普及的新鲜事物。但司马灿和他的同学已经在电脑上做着繁复的编程运算,几个月后,他们开发出一套计算软件,能够对船舶振动、结构弹性实施计算分析。"这是我第一次接触到科研项目。"司马灿说,他至今仍然感谢这段经历,繁杂的计算不仅没让他感到枯燥,反而乐在其中。重要的是,他从中学到了一整套的科研方法,特别是如何主动发现问题、解决问题,为今后走上科研道路迈下了坚实的一步。

四年的大学时光让司马灿变得成熟、稳重。但他有个小小的心愿一直没能实现,这就是亲眼看看大海。虽然曾经在沪东船厂实习,然而司马灿全部的时间都专注于工作,竟没有专门抽出时间去海边走走。他将这个心愿留在心底,对于他来说,大海已经不是简简单单的风景,而是他未来研究和工作的舞台。

在科研路上默默长跑

司马灿第一次知道七〇二所,还是在大学本科的课堂上。那时他的系主任翁长俭有一门课是关于水弹性力学的,在介绍这一领域的专家时,提到了国内有名的七〇二所。司马灿一下记住了这个研究所,在课后还专门找到翁长俭询问有关情况,从此,七〇二所在他心中留下了一个科研圣殿的形象。

有了做科研项目的经验,在系主任和导师的共同推荐下,司马灿考取了七〇二所张效慈老师的硕士研究生。初到研究所的司马灿形容自己就像"刘姥姥进了大观园",七〇二所各种用于船舶与海洋工程研究的实验室、前所未见的科研设备让司马灿大开眼界。"更重要的是,在这里能亲临科研现场。"司马灿在上课之余,最喜欢做的一件事就是"串门"。他经常跑到各个项目组的办公室里,聆听科研人员的讨论。虽然不是所有的讨论都能听懂,但司马灿被讨论的氛围吸引着。了解别人在做些什么,关注专业领域的前沿动态,成了司马灿在七〇二所学到的第一课。研究生期间,司马灿参与了船舶抗爆抗冲击的科研项目,分配给他的工作依然是编程计算。导师张效慈曾经师从过数学大师苏步青,数学功底十分了得,很重视数学建模在实验中的重要性。有了近水楼台之便,司马灿经常向张效慈请教数学问题。一条船从建立数学模型,到计算出结果,再到实验验证,快的话也要两三个月。计算量虽然庞大,但司马灿并不觉得枯燥,"当计算结果与实验验证相符合时,那种成就感是别的事情无法替代的"。他在研究课题中建立的计算分析方法被应用于抗冲击设计,该成果获中船重工科技进步一等奖、国防科技进步二等奖。出色地完成各项科研任务的同时，七〇二所浓厚的学术氛围，同事们不计个人得失、默默奉献的工作热情，也给司马灿留下了深刻的印象。当考虑是否要出国读个博士学位时，司马灿感到"国外也不一定能有这样好的导师，这样好的实验环境"。于是他选择了留下。

钟情深海向未来

1999年，司马灿报考了七〇二所吴有生院士的博士生。"在人生的几个重要阶段，我都遇到了非常优秀的老师。这是我幸运的一面。"吴有生是中国船舶抗爆研究理论奠基人和国际三维水弹性力学领域的开拓者，司马灿现在从事的深海运载作业平台研究就是吴有生一手开创的。

一次随吴有生出差期间，司马灿见识了老一辈科学家的敬业精神。中午吃过饭后，吴有生并没有休息，继续在房间里工作。担任助手的司马灿发现年近60岁的

吴院士同时在处理好几件工作，思路在不同项目间频繁切换，游刃有余。到了晚上，吴有生仍然保持了旺盛的工作精力，一直工作到深夜两点。

相比于工作上的指导，吴有生对司马灿的影响更多地体现在做人方面。"宁静，淡泊，不追名逐利，甘于寂寞"等科研人最应具备的优秀品质，潜移默化地从老一辈学者那里传到了成长起来的科研新生代身上。不只是吴院士，司马灿在七〇二所里接触到的许多同事都有一种甘于奉献的精神，在认准的科研方向上踏踏实实地工作，从不计较个人得失。

跟随吴有生学习期间，司马灿开始接触深海装备研究，工作的部门从减震降噪实验室换到了深海空间站。"海洋资源十分丰富，人要想到海里去搞研究，离不开深海技术的支撑。"毕业后主要从事船舶及海洋工程领域的水动力学、结构力学及振动、噪声、抗冲击等技术的应用基础研究，使司马灿拥有了扎实的技术基础，现在，他以更高的眼界，瞄准了高性能船舶与水下工程的研究设计与开发，"着眼未来，我们要考虑国家的海洋开发还需要什么样的装备，技术还需要怎样的发展"。读博士期间，他详细研究了深海空间站的概念、国内外发展现状和在深海资源开发方面的应用设想，找准了自己未来的工作方向。

司马灿向记者介绍，我国海域蕴藏着丰富的矿产资源，除了石油、天然气、滨海砂矿、海底煤矿等传统矿产资源外，还包括多金属结核、富钴结壳、热液硫化物、天然气水合物等非传统海洋矿产资源。但是，目前我国海洋矿产资源开发规模有限，且多局限于浅海海域，"放眼全球、进军深海"是我国的战略选择。

一次在辽宁葫芦岛船厂实习期间，司马灿终于见到了渴盼已久的大海。但此刻面对大海，司马灿心中的激动更多地化为了憧憬。他希望有一天，能到深海上看看自己研究的装备。

深海装备前景可期

载人潜器是深海空间站的基础。目前，国际上深海运载平台分为"无人"和"载人"两大类。由于深海通信、目标识别、实时决策、作业操作、事故处理更为复杂，载人运载平台将发挥不可替代的作用。其中，大型载人运载平台的发展方向是在深海空间创造前所未有的工作环境，提升人员进入深海并实施长时间、大功率的作业能力，取得海洋科学、经济、军事等方面的效益。

深海空间站的雏形始于军事用途。据介绍，自冷战时期开始，为了增强控制深海的能力，美国和苏联就依托海底研制与应用深海作业平台，十分重视发展深海军用探测与无人作战系统，后来，这些技术在民用海洋科学研究中更是发挥了重要的作用。这些典型装备包括美国的"NR-1"深海作业平台、俄罗斯的深海核动力工作站等。

进入21世纪，海洋成为国际科技、经济、军事竞争的焦点，美国和俄罗斯把深海空间站研制与应用的战略目标转向能源资源、国土权益、科研环保，力图维护他们在这一领域的先发优势。

美国积极发展军民两用深海作业装备技术，进而建造功能更强大的通用型深海空间站。2008年，美国宣布新建千吨级"NR-2"深海空间站。与"NR-1"相比，"NR-2"除了履行军用使命外，还承担了海洋工程安装、维护和维修等九类民用使命任务。

俄罗斯针对拓展海洋权益与开发北冰洋油气资源的需要，加快研制通用型与专用型千吨级深海空间站。2003年，俄罗斯研制出新型2000吨级通用型深海空间站。2006年，俄罗斯提出研发北冰洋油气开发六类专用型深海核动力工作站的设想。2013年，俄罗斯开始新建一艘通用型深海空间站。

此外，挪威也从2012年开始加快了深海工作站的研发步伐，目前该国的海洋科技研究院正在研发"北冰洋水下工作站"。

深海空间站还成为支撑海洋与大陆架主权争议的手段。2012年9月底，俄罗斯利用AS-12深海核动力工作站进行20天的"北极-2012"考察活动，获取500千克大陆架岩样，证明莱蒙诺索夫和门捷列夫山脊属于俄罗斯大陆架，以支撑俄罗斯对北极大陆架主权申诉与军事控制。

司马灿的导师吴有生在接受媒体采访时表示，拥有很强的深海作业能力已成21世纪海洋强国的战略取向。在21世纪世界关注的焦点转向海洋时，许多国家都把掌握深海装备技术，具备人员进入深海和工程施工的能力，作为取得海洋科技、经济、军事竞争战略主动权的重要举措。这些国家既聚焦满足当前战略需求，更着眼激发潜在需求，大力发展深海空间站技术及装备。

深海空间站挑战难度

目前,科学家对于海洋生物的研究主要是依靠潜水员、潜水器和其他设备获取海洋生物的样本,保真到陆上实验室模拟海洋环境进行研究。但是,陆地上对海洋环境的模拟实验并不理想,一般而言,能保证模拟各种深度的压强已属不易,更别提将包括海底温度、水流等环境特征一一复制。海洋地质学家、中科院院士汪品先在接受媒体采访时曾说:"从这个角度来说,建成海底空间站,将为海底科学实验提供很大的便利。"

在2012年的北京科博会上,我国设计的小型深海空间站试验艇和正在设计中的小型深海移动工作站模型首次亮相,唤起了人们对海底科考、工作、生活的憧憬。而近来,"蛟龙"号不断造访大洋深处,更引发了人们关于海底"龙宫"的畅想。

我国是继美国、法国、俄罗斯、日本之后,世界上第五个掌握大深度载人深潜技术的国家。深海空间站的概念,就是在深海3000米的海底建立一座人宜居住的生活环境;电站、热战与控制中心正常运转的工作环境;油气水处理工艺全在水下完成,通过海管送至陆上终端;采用一批智能型机器人作为交通、运载与作业工具。如果说太空空间站是航天领域的核心技术,同样深海空间站也代表着海洋领域的前沿。司马灿说:"'神舟'九号和'天宫'一号对接的场景,也是深潜器和深海空间站将要实现的一个长远目标。"

我国于20世纪90年代提出深海空间站的概念,旨在和平开发和利用海洋资源。已经建成的深海空间站试验艇和正在建设的小型深海移动工作站都是我国自主研发。司马灿表示,从深海空间站的民用建设而言,我国和美国、俄罗斯处于同一起跑线,而且有后发优势。一是20世纪90年代的工业水平在经过了几十年的发展后,已经不可同日而语;二是根据公开信息,我国也从美国、俄罗斯两国借鉴了一些成功经验,少走了一些弯路。

吴有生认为,我国深海战略应聚焦1000米以深的海洋科学研究、深海资源开发等方向,抢占深海技术的制高点。到2030年以前,要在深海部分科学问题以及南海重大科学问题研究领域成为世界"领跑者";在深海油气、矿产与生物资源开发领域,努力追赶世界先进水平,成为"并行者"。

为此,必须尽快提升深海资源与环境探测、深海开发与工程作业两大能力。我国在深海探测及工程作业装备领域已实现了重大突破,如3500米深水缆控无人深潜器(ROV)、5000米深海拖曳测绘系统(TMS)、远距离智能无人潜器(AUV)、7000米深海载人潜水器(HOV)"蛟龙"号等。其中,"蛟龙"号具有世界最大的下潜深度、最佳的航行控制和操纵性能、最强的水声通信和作业能力、种类最多的安全保障措施。它的应用突破了超大潜深关键重要部件设计、制造技术的瓶颈,推动了深海装备产业的发展。

但是,我国深海探测及工程作业装备仍然存在一些问题,如国产深海探测、安装与维修作业潜器尚未占领市场,部分关键元器件与材料还依赖进口;与潜器配套的水下作业装备研制不配套,国产化程度低;潜器作业可靠性尚待提高。

针对这些问题,吴有生认为,在"蛟龙"号之后,应加强现有载人与无人潜器的实用化配套建设,以尽快拓展7000米以浅深海研究与开发的广度。同时,在"蛟龙"号前沿技术的基础上,我国应实施深海空间站重大科技工程项目,具备在深海"下得去,待得住,能作业"的能力,全面带动新一代深海装备产业的创新驱动发展,在世界海洋开发竞争中取得主动权。

水池试验取佳绩

司马灿在深海空间站一干就是10年。10年时间,他曾先后参与国防基础科研重大项目、国家"863"计划重点和重大项目、国防预研项目、武器装备型号项目共20余项,从一个初出茅庐的青年成长为科技骨干。2009年,司马灿升任深海运载作业平台小型演示验证平台总设计师,开始带领着年轻的团队有条不紊地开展关于深海运载平台的相关论证和设计工作。

期间,司马灿创新性地提出了具有重大战略价值的深海综合性长周期运载作业平台研究方向,瞄准世界深海技术的最前沿,助力实现"下五洋捉鳖"的深海强国梦。他带领团队对总体方案设计、超大潜深耐压结构、模拟实验平台、能源供给、搭载对接、推进器、生命保障等关键技术和部件逐个攻关，研制出用于原理性验证、搭载小型作业潜水器和工具的深海运载作业平台小型演示验证平台（排水量36吨，下潜深度150米，载人6人，水下作业时间12小时）。

2013年11月21日，小型深海移动工作站完成了第一期水池试验。这个水池水深30多米，是深海空间实验平台真正的舞台。工作人员在下水前进行了一系列的下潜准备工作，并且让这个实验平台在水面上跑了几圈，目的就是为了测试平台在无人驾驶的状况下能否直线前行。移动工作站不受海面恶劣风浪环境制约，可长周期、全天候在深海域直接操控作业工具与装置，进行水下工程作业、资源探测与开发，难怪会有媒体将其形象地称为"龙宫"。

试验当天，工作人员还给"龙宫"精心打扮了一番，在外面涂上了非常亮眼的橘色和白色。虽然它的体重有35吨重，但是样子非常萌，像是深海中的一种鳊鱼。"龙宫"舱内的空间很大，整个实验平台的内径可以达到2.1米，舱内地面铺平之后高度也差不多有1.9米，长度可以达到13.5米。因为它仅仅是一个实验平台，所以舱里面除了必需的实验设备之外，像起居室、卫生间等生活设施目前还都不具备。在"龙宫"座舱的底部，有一个装有备用电源的箱子，整个"龙宫"的动力都是由电来提供的。座舱最前方则是一个舷窗，科研人员通过它来观察海底的情况，观测释放出来的海底机器人是怎样工作的。舷窗旁边还有3个液晶显示屏，所有的科学数据都会通过这些屏幕显示出来。

这次水池试验分为陆上吊放训练、船坞试验、水池试验和训练试验四个阶段，共开展定向、定深、定高、自动控制等18项试验项目。

"深海运载作业平台小型演示验证平台的海试成功，只意味着这项研究刚刚起步。"司马灿坚信，未来中国还将研究制造更先进的深海运载作业平台，可搭载物理、化学、生物检测系统及光、声学观测系统，能直接操控所携带的有缆遥控作业潜器、无缆自治潜器、水下吊车与机电工具等作业设备。除此之外，深海运载作业平台还可配备多类深海机器人，在海底释放后可以独立工作，有利于深海资源开发水下勘探及生产系统和深海载人生物实验室的构建。

迷恋"龙宫"迎海试

2014年9月,我国黄海某码头上,绞车在转动,重达36吨的深海运载作业平台小型演示验证平台缓缓入水,开始海试。对司马灿率领的研究团队来说,"龙宫"的试验,是一项庞大而复杂的系统工程。记不清经过了多少次测试修改,度过了多少个不眠之夜,司马灿和他的同事在对"龙宫"完成了总装联调、水池试验和连续20余天10多次的海上摸底试验之后,终于迎来了一场"大考"。在海试现场,司马灿志在必得,"我们做的装备能够在实际工程中得到应用"。

海试持续了几天,"龙宫"的实用性、可靠性、稳定性及应用功能扩展能力,均得到了检验。深海运载作业平台小型演示验证平台完成黄海海试,标志着我国深海运载作业平台研制的关键技术取得了重要进展。

谈起国际上各类深海运载作业平台,司马灿信手拈来。他十分关注世界上同类项目间各自的任务和作业完成情况，如美国的 NR-1、NR-2 两种型号深海作业平台，俄罗斯"抹香鲸""涅尔马""大比目鱼"和"小马驹"等多种型号深海核动力工作站，挪威"深海作业平台""北冰洋水下工作站"及日本"深海空间站作业体系"等。

"但在某些技术研究上，我国并不落后，甚至还处于领先地位。"司马灿深知深海运载作业平台代表着海洋领域的前沿，海试成功意味着他向深海梦想又迈进了坚实的一步。

科研精神薪火相传

深感自己的成功是得益于良师指导的司马灿，在研究所里也开始担当起了教师的角色。他要求自己的学生要敞开胸怀面对一切事物；要先学习做人，不计个人名利；要求团队成员要勤于思考，认清工作问题和方向，这样才能事半功倍；同时他要求年轻人工作中要善于总结和发现问题、及时改进、不断进步。

几年来，司马灿指导了4名硕士研究生和1名博士研究生，经他指导毕业的研究生，如今也在各自的岗位上展现自己的才华。"但比起我的老师来，我在教学上还显得不够耐心。"司马灿谦虚地说。

其实，无论在工作还是在生活中，司马灿都显得十分低调。至今司马灿仍在使用一部老式平板手机，功能只限于收发短信和接打电话。他对手机的要求只有简简单单的两个字："实用"，一如他工作中的务实作风。

担任所长助理一职的司马灿坦言，他还是更倾向于做一些技术性的工作。除去与深海装备相关的研究，他还曾主办完成"××潜艇××系统的冷箱及管路抗冲击性能研究"课题，负责该课题的具体实施工作，建立的××系统管路冲击应力、热应力有限元计算分析方法已应用于我国××潜艇××系统管路的抗冲击设计。该成果获中船重工科技进步一等奖、国防科技进步二等奖。曾主办完成了"××扫雷舰非接触水下爆炸冲击环境预报"课题，负责该课题的具体实施，同时承担冲击环境预报方法的考核、××扫雷舰建模及冲击环境预报与分析，该课题的研究成果为××舰设备抗冲击设计及人员抗冲击防护提供输入参数。该成果获中国人民解放军科技进步一等奖。

凭借突出的业绩，他获得多项殊荣。2013年司马灿被江苏省人民政府授予"江苏省突出贡献中青年专家"称号、同年也被聘为国务院特殊津贴专家；2012年被江苏省总工会授予"江苏省五一劳动奖章"；2011年，他被评为"装备预先研究先进个人"和江苏省第三期"333工程"突出贡献奖；2009年被评为2006至2008年度无锡市劳动模范；2008年荣获"中国船舶重工集团公司优秀博士学位论文奖"；2006年获评"无锡市十佳青年科技工作者"……

诸多荣誉的背后，仍然是那颗淡泊名利的心。与"工科男"的知识背景相反，司马灿在生活中的爱好大多与文艺相关。他喜欢临帖、弹古典吉他。高中时，司马灿曾花几十元钱买了一把二手吉他，开始跟着广播自学弹奏，并从此爱上了这个乐器。直到现在，他仍然会在下班回到家后弹上一段，在音乐声中回归宁静、获取灵感。

在出色完成各项科研任务的同时，司马灿时刻不忘着眼未来，对我国未来深海装备的发展有着自己成熟的思考和独到的见解。如今他正在积极推动深海运载作业平台作为国家重大科技项目的立项工作，为未来深海运载作业平台的发展提供设想和建议。

兄弟齐心合力　创造中国深度
——300米饱和潜水团队

"饱和潜水技术是当今世界潜水行业顶级的核心技术，是人类向海洋空间挑战、向生命极限挑战的前沿技术。我们已经取得了重大突破，但前面的路还很长。"

——沈漤

2014年1月25日，中国首次300米饱和潜水作业团队在中国南海奏响了胜利的凯歌。300米饱和潜水作业取得成功，意味着我国的饱和潜水能力已经覆盖渤海、黄海、东海的所有经济海域以及南海部分经济海域，可以凭借我们中国人的力量来应对海底应急突发事件、海洋工程，完成水下300米深度各种复杂的水下安装、抽油、抢险打捞等任务。这场具有重要历史意义、挑战深海极限的作业任务，是上海打捞局历任领导和深潜水研发团队长期努力的结果，是全体救捞人梦寐以求的夙愿。

上篇　奏响300米饱和潜水作业的凯歌

2014年1月11日23时50分，南海海域，海面东北风7级，阵风8级，3～5米的涌浪。"深潜号"，我国首艘自行建造的具备300米饱和潜水作业能力的深潜水工作母船，在指定位置稳稳停住。

多云的天空，看不到月亮和星星；漆黑的海面，似乎在沉睡。"深潜号"灯火通明，今夜，将有6名潜水员在这里展开300米饱和潜水的冲刺。

自1月9日13时，6名潜水员进舱加压开始，已连续奋战了近60个小时。现在，到了最后的冲刺时间。

进舱　同舱共济

饱和潜水是一个系统的作业过程，需要团队的集体智慧。任何一次饱和潜水作业，不仅有潜水员、潜水总监、潜水监督，而且有负责发电机、空压机，液压系统、生命保障系统，医务保障，后勤保障等人员的配合，任何环节的失误都会造成无法挽回的损失甚至威胁生命。

2014年1月9日13时，胡建、管猛、董猛等6名饱和潜水员依次进入"深潜号"潜水系统的生活舱，舱门关闭。"进舱后，我们的命就交给了舱外的兄弟。"胡建说。

"胡建这么说一点也不夸张。"队长金锋说，"听前辈说，新中国成立前的潜水员下水时，都是只跟家人合作，一般是父子、兄弟互相在岸上掌握对方腰上的绳索。现在，国外很多国家也是亲人协作。"

"300米饱和潜水作业加压开始！"随着时任上海打捞局局长沈灏的一声令下，生命支持人员扳动加压阀门，开始对停放于"深潜号"母船甲板上的饱和舱注入氦氧混合气体，我国首次300米饱和潜水作业正式启动。

"深潜号"船上装备的300米饱和潜水系统由生活舱、过渡舱、潜水钟、生命保障等系统组成。6名饱和潜水员将生活在压力为31个大气压的生活舱内，工作时经过渡舱进入潜水钟，再由潜水钟送至深海中，出钟完成任务后再乘坐潜水钟返回生活舱。

饱和潜水的技术难点在于潜水员下潜时，不断增大和上浮过程中不断降低的海水压力，对人体血管造成巨大冲击。也就是说，潜水时的内外压力差一定要在人体血管的可承受范围内，一旦超过就是致命的。因此，这需要科学家在实验室内不断摸索海水压力的变化和人体之间的平衡规律。

加压　压力山大

2006年11月，上海打捞局成功下潜103.5米深度，首次执行饱和潜水作业；2013年5月，又创造了下潜198米深度的作业纪录。"然而，下潜深度每增加50米都是十分困难的。"现场总指挥郭杰深有感触地说。

在加压过程中，为避免出现氧气供应盲区导致窒息，潜水员必须醒着。即使在停止加压后睡觉，也不能关灯，以便监控室随时监控潜水员的生命安全。潜水员已经没有了白天和黑夜的概念。

舱里没有电脑和电话，"电脑、手机、手表承受不了那么大的压力，在加压时很可能造成电池和玻璃屏幕爆炸、爆裂。"潜水员管猛说。进舱时，6名潜水员分别带了一本厚厚的书，希望可以用来缓解压力。

10日上午，生活舱内的6名饱和潜水员完成第一阶段200米深度加压。持续加压，让他们的身体逐渐开始不适。而到了150米深度压力之后，他们都感到骨头被压缩得厉害，似乎变成了被真空包装的食物。

而且，大家的味觉和嗅觉变得不再灵敏。在加压过程中，潜水员的体力消耗较大，因此饮食多为高热量的牛排、羊排，"在舱外觉得孜然羊排味道呛人，但在舱内我们却吃不出任何味道。"

10日下午，生命支持人员继续向舱内注入氦氧混合气体，开始向第二阶段250米深度加压。随着舱内压力和空气密度的变化，呼吸也不再是不经意间可以完成的动作。潜水员需要有意识地"一边呼吸，一边做别的。呼吸要当成一件事情来做，不再是一种无意识行为"。他们的声音变得像鸭子，聊天也困难起来。同时，他们走路也开始带风，手可以触摸到空气，手掌朝着彼此的身体隔空一击，"就像武林高手一样，真的可以感到一股气流袭来"。

兄弟齐心合力　创造中国深度

10日18时,"深潜号"从深圳赤湾码头驶向南海海域指定地点,经过17小时的航程,到达指定作业地点。

"停!"11日上午,当"深潜号"300米饱和潜水系统控制室深度仪表指针指向"300"数值时,郭杰发出了指令。

加压到了300米的深度,他们的身体被压缩得厉害,已经无法做到为后背挠痒和穿脱袜子。于是,他们就像一群行动迟缓的"大白",相互帮助对方穿脱袜子,痒了相互挠挠。

按照计划,将在12日中午开始下潜,潜水员有一天的时间可以在舱内适应300米的压力并休息。

但是,根据最新海况预报,12日下午将有大风浪。而下一个适合下潜的窗口期还要等10多天。

为保证作业顺利进行,郭杰果断下达命令:"原计划作业任务提前,在12日凌晨开始放钟出潜。"

接到命令,被安排在第一钟下潜的胡建、管猛和董猛,没有一丝犹豫。

平时他们的训练像军人一样严格。大家生活、训练都在相对封闭的基地,每天按时统一起床、训练、吃饭、休息,每天进行大量的体能训练和理论学习。"就像小时候在家里,我妈每天叫我和我姐起床、吃饭,不同的是我们这个大家庭只有兄弟,没有姐妹。"董猛笑着说。

除了接受潜水方面的训练,他们还坚持各种技术学习,先后考取了电焊证、电割证等证书。"有了这些技术才能在水里干活啊,下到多少米的深度不是我们的最终目的,我们下潜是为了干活啊。"管猛说。

下潜　险象环生

11日17时,用于导向潜水钟的2吨导索压重率先被放入海下300米处。30分钟后,潜水空钟与甲板居住舱分离,潜放入水进行测试。19时15分,潜水钟收起与甲板居住舱对接完毕。潜水钟的吊放系统、压力系统、供气系统、照明系统测试正常,整个饱和潜水作业岗位人员操作熟练,配合默契,全船上下为潜水员下潜深海300米做好了充分准备。

11日23时40分,第一钟3名潜水员穿戴头盔、热水服,并反复检查各项仪器后,进入潜水钟准备下潜。下海作业时,潜水员穿的是"热水服",流动着热水的水管密布在衣服各处,给潜水员加热,以维持体温。

与此同时,控制室内人员各就各位,密切关注潜水钟内潜水员动态和相关仪器仪表变化。"我们要根据潜水员的实时体感温度进行水温调节,还有设备保障方面的工作,设备管理人员要昼夜维护机器运转,其他各部门人员随时应对各种情况。虽然都是幕后的事,但性命攸关。"从潜水员进舱加压到现在,已连续工作了近30小时、双眼布满血丝的设备监督吉富说。

"下放潜水钟。"郭杰一声令下,潜水队长、潜水总监金锋通过通信指挥系统指挥放钟。12日零时整,潜水钟(第一钟)与饱和舱分离,迈出了中国救捞人征服深海、冲击饱和潜水新目标的征程。

潜水钟载着胡建、管猛和董猛,缓缓下放至水深300米处。

1时40分,胡建出钟,对潜水钟窗口周围进行初步观察。此时,该海域水流速度较快,胡建出现体力不支的状况。

母船上的人都为胡建捏了一把汗,第一次有人下潜到300米的深度,没有人知

道会发生什么，何况他们在300米深度加压后没有得到休息。船上的每一个人紧紧盯住显示屏幕上胡建的身影，都不由自主地握紧了拳头。

突然，一个趔趄，胡建没有稳住，大家的心都为之一颤。这时，更惊险的一幕发生了：胡建肩上背的钢瓶背带搭扣脱落。在急速的水流中，胡建很难维持身体的平衡。如果没有了氧气瓶，一旦发生意外，后果不堪设想。

"马上返回潜水钟！"耳麦中传来金锋斩钉截铁的话，让钟内的管猛和董猛马上回过神来，赶紧拉紧胡建的"脐带"，帮助他返回钟内。

看着返回钟内的胡建脸色十分不好，管猛的心紧了一下，接下来就该自己出钟了。帮助胡建摘掉重达15公斤的头盔，脱掉热水服，稍微休息后，2时22分，管猛出钟。由于此时水流速度偏快，他出现了肌肉拉痛状况，随即返回。

3时33分，第三名潜水员董猛出钟下潜，此时深度显示为313.5米。

300米，终于有了中国人的身影！

5时9分，3人乘坐潜水钟"电梯"，安全返回母船的生活舱。

在第一钟返回和生活舱对接之后，第二钟3名潜水员按照原计划进入潜水钟下水作业，并顺利返回。

减压 "返老还童"

顺利下潜、返回，还不算是一次成功的下潜。必须等潜水员顺利减压出舱，身体没有异常，大家才能真正地松一口气。"不然，如果潜水员患上减压病，这次作业就是失败的。"金锋说。

人类潜水的死敌是"减压病"。简单地说，在水下必须呼吸氦和氧的混合气体。氦属惰性气体，吸入后会融进人体血液。如果不按规程进行减压，溶解在体内的惰性气体将会在潜水员的关节或身体组织中形成气泡，严重的会危及生命。"饱和潜水的减压过程就像开啤酒瓶，如果迅速把瓶盖打开，就会产生气泡，而产生气泡的地方，就会有减压病；如果每次开一点，慢慢打开瓶盖，就可以有效避免气泡的产生了。"金锋说。

"每天减压一点，每天都快乐一点。"董猛觉得自己像是返老还童，每一天都觉得筋骨更加舒展。味觉也在逐渐恢复，每一天吃饭都比前一天更香。

1月25日9时，靠泊在深圳赤湾码头的"深潜号"上，6名潜水员经过了10多天的减压出舱。出舱前一天，管猛就赶紧通知舱外的兄弟把手机充满电，"我得给父母打电话报平安"。

执行这次任务前，大家不约而同地没有告诉家人这是一次史无前例的尝试，都尽量平静地跟家里说一句"要去执行任务了，大概半个月回来"。

这一次300米的作业只需要6名潜水员下潜，却有三四十人报名。最后经过体能、心理、技术等全方位的考量，选拔出6名潜水员。郭杰认为，这是一次考验，所以需要全方位考虑问题，"譬如胡建是下潜经验最为丰富的，董猛是'大力士'型的，管猛是大学生潜水员"。

胡建是潜水队的副队长，1980年出生的他是上海打捞局培养出的第一批具备饱和潜水资质的队员，2006年曾和金锋一起潜入水下103.5米处。

生于1986年的管猛是较少的拥有大学本科学历的潜水员，他毕业于江苏海洋大学。不安于在江苏老家工作，并且喜欢潜水的他，于2009年经过考试成为潜水员。凭借英语专业八级的优势，他经常帮大家翻译一些国外的潜水新闻、资料。

董猛来自山东农村，2005年，在他高中毕业前，适逢上海打捞局到校招人，他因为身体素质特别好，而且特别能吃苦，从报名的80多名学生中脱颖而出，被上海打捞局送到广州潜校潜水专业学习，2007年学成毕业成为了一名潜水员。

面对一次生死未卜的作业，他们为什么积极报名？董猛的理由是："我听先来的兄弟们说过，2006年开展100米作业时，大家心里都很紧张，简直有点不知所措，毕竟那是第一次饱和潜水啊，之前大家都是常规潜水，最深到达60米。谁知道下水100多米是什么样的啊，大家都害怕成为小白鼠。这时候，队长金锋说了一句让大家都感动的话，他说'我是党员，我是队长，我先下'。他的勇气和牺牲精神鼓舞了我们这些后来人，队长都不怕，我有什么好怕的呢。"

管猛则表示是出于对"深潜号"和团队的信任："我们的技术设备那么好，不会出问题的。换句话说，即使我在下面出了问题，我相信上面这些兄弟一定会救我。所以，没什么好担心的。"

"整个饱和潜水团队的工作人员都恪守'每次饱和潜水作业都是当成第一次来做'的操作口号，默默无闻地在生命极限挑战中确保潜水员的安全。所以，管猛才会说出信任团队的话，也正是有了团队的合力，才使得这次300米饱和潜水任务圆满完成。"郭杰说。

虽然他们没有告诉家人，但因为300米饱和潜水意义重大，中央电视台进行了直播，家人还是通过电视知道了他们所说的任务。管猛的妈妈每天都盯着电视看直播，董猛的妈妈也是每天守着电视，虽然每个镜头都是一闪而过也不舍得少看一眼。

当6名饱和潜水员完成减压依序出舱，迎接他们的是舱外兄弟的热烈拥抱。经过各项检测，他们的身体状况良好。

沈灏宣布：中国首次300米饱和潜水作业取得圆满成功。

下篇 数十年磨一剑的艰辛

尝试 从江向海

饱和潜水是技术含量最高的潜水作业方式，被广泛运用于水下大深度救援、海洋施工与作业、水下资源勘探、海洋科学考察以及军事等领域。许多国家将其置于与宇航技术同等重要位置进行研发，国际上对饱和潜水技术进行技术封锁，目前只有少数国家掌握，深海潜水更是一道难以逾越的门槛。法国饱和潜水实际作业深度已突破600米，美国饱和潜水纪录已达到723米，另有6个国家达到了400米饱和潜水作业的水平。行走祖国的大海深处，挑战人类的生命极限，站在世界潜水行业的制高点，这是历代救捞人的"深海梦"。

翻开上海打捞局的发展史册，可以看到中国潜水事业在执行数以百计的海上抢险打捞任务中，不断创新发展、壮大崛起。20世纪50年代中期，潜水打捞已从江河湖泊走向海洋。60年代初期的"跃进号"探摸工程，潜水员沈阿四首次闯入潜水"禁区"深度60米。70年代初期，上海打捞局开始进行饱和潜水技术研发；1976年进行了我国首次10米空气饱和潜水模拟试验。1982年，从美国引进150米旧饱和潜水系统设备，安装在"沪救捞5"号上作为教学使用，这是我国首次在船上安装饱和潜水设备。1983年利用该设备举办了生命支持和潜水员在内的培训班，奏响了中国潜水队伍向深海进军的号角。

20世纪80年代初，救捞系统改革开放的步伐进一步加快，向国外同行学习深潜水技术的愿望得以有机会实现。以救捞专家叶似虬为代表的先驱者走出了国门，赴法国率先学习和引进国外饱和潜水的先进理念。学成归国后，上海打捞局组织了一批以科研所技术人员为主体，以饱和潜水技术为攻关目标的核心团队，踏上了研发饱和潜水技术的漫漫征途。

20世纪80年代中后期，上海打捞局在东海先后进行了120米氦氧常规深潜水闭塞钟的潜水试验,以及为"勘探3"号服务进行了90~120米的氦氧常规深潜水作业。90年代初,在南海为CACT联合石油公司开采的南海惠州21-1油田服务中,多次进行了深度为116米的氦氧常规深潜水闭塞钟作业,创造了当时中国海上深潜水作业的新纪录。1991年进行了250米密闭式氦氧潜水装具系统试验、300米巡回饱和潜水模拟试验。大量的作业实践为我国饱和潜水技术研发积累了可贵的实证数据和经验,但由于技术限制,当时的氦氧常规潜水和模拟试验只能在水下进行短暂作业或在舱内进行模拟试验,还不具备真正的深水作业能力。

研发　势在必行

饱和潜水作业要求高、标准严,我国饱和潜水发展由于设备技术等原因,长期以来一直停留在模拟试验阶段。虽然试验成功验证了饱和潜水的可行性,但由于我国还没有掌握氦氧饱和潜水作业技术,未能实现饱和潜水应用于抢险打捞和工程作业,在我国南海、东海石油开发领域,饱和潜水作业长期由外国公司所垄断。20世纪70年代的"阿波丸"等打捞工程潜水员在最大潜深69米海底进行沉船探摸和货物打捞,以及2004年"黄河小浪底"救援打捞中（61米水深）,仍严重受制于空气潜水的种种限制,潜水作业效率低下。在打捞实践中屡屡遇到这种困境,让打捞人深刻认识到传统空气潜水的局限性,下定决心要突破饱和潜水的技术难关。

2001年,上海打捞局在南海番禺油田单点安装工程中,曾尝试修复和使用自己的200米饱和潜水设备用于安装作业,但限于准备时间和技术不够,最终还是使用了外国的饱和潜水设备。这让中国救捞人遗憾不已。

救捞体制改革后,上海打捞局把研发饱和潜水作业技术作为一项重要的工作摆上了议事日程。2004年年初,叶似虬从上海打捞局局长的岗位上退下来,作为一名挚爱事业为生命的救捞专家,他不遗余力地一头扎进了饱和潜水技术项目的研发推进中。沈灏局长全力支持饱和潜水技术研发工作,由叶似虬领衔,开展饱和潜水作业应用技术攻关。

饱和潜水作业的最大成功在于依靠程序来规范操作,世界上饱和潜水技术实行技术封锁,从国外引进现成的饱和潜水技术根本没有可能。叶似虬带领研发团队,打破国外技术封锁和垄断,发扬不怕苦、不怕累、不怕失败的科研精神,依靠科技进步和开拓创新，广泛搜寻国内外文献资料，经过大量的潜水实践，仔细对比模拟潜水作业的数据结果，进行深入的研究分析，从2006年开始亲自起草编写了中国首部《饱和氦氧潜水作业程序》及《应急预案》。饱和潜水作业程序是饱和潜水的核心技术，也是饱和潜水的根本保证。程序细致入微到潜水员操作的各个环节，包括检查程序、加压、饱和深度停留、巡回潜水、最终减压以及相关规范性的要求等技术集成，总计达400多项。该程序还在饱和潜水实操训练中加以检验和完善，这是我国首部深潜水的作业程序，填补了国内饱和潜水技术的空白。

与宇航技术相提并论的饱和潜水技术，不仅对人员技术有很高的要求，而且设备十分复杂，包括能承受高气压，具备良好密封性的饱和舱，狭小和设备众多的潜水钟，复杂而自动化程度很高的生命保障系统，稳定可靠的潜水钟吊放系统等。设备是否完好，是饱和潜水成败的关键因素之一。因此，攻克作业程序难关后，需要有饱和潜水设备作支撑。

在进行饱和潜水技术研发攻关的同时，上海打捞局积极争取交通运输部的支持。组织当时的科研所，在所长郭杰的带领下，集中了高级工程师侯邦昌等技术人员，自行修复了200米饱和潜水设备。

这套设备于1983年从法国引进，进行过数十次常规氦氧混合气闭式钟深潜水作业。1995年由上海打捞局购进，由于当时没有作业技术和市场，只能锁之"深闺"10余年，设备已锈蚀严重。技术人员完全依靠自己的技术力量，对液压起吊系统、电路连接系统、环控系统、气水管路连接系统、热水机系统和两个集装箱的布置系统的主要部件进行了"大换血"。2006年9月完成设备的大修并获得了CCS颁发的"200米饱和潜水系统入级证书"。2007年至2009年间，对该套设备在使用中发现的问题以及第三方根据国际规范检验提出的意见进行整改，加装研制了高压逃生设备系统。

要实现饱和潜水作业能力，必须要具备装备、技术和队伍3个要素。饱和潜水作业队伍由潜水总监、潜水监督、潜水员、生命支持员、设备支持员等组成。为了满足饱和潜水作业的需要以及市场规范化要求，建立一支饱和潜水作业队伍，上海打捞局在交通运输部救助打捞局和潜水打捞协会的大力支持下，在无锡举办了首次饱和潜水和生命支持员培训班。

叶似虬自编教材并担任主要教员，会同其他同事对精心挑选的优秀潜水员从基础理论开始，开展了封闭式培训，并利用修复后的200米饱和潜水设备，在船上进行了为期8天的10米饱和潜水实操训练，30名潜水员和20多名生命支持员基本掌握了作业程序和操作程序。在开展自主培训的同时，上海打捞局还专门投入经费，调遣船舶，组织饱和潜水作业人员进行海上实操，形成了一支饱和潜水作业队伍。

创业　筚路蓝缕

饱和潜水技术是上海打捞局履行抢险打捞职责的核心能力，也是发展打捞经济的核心生产力。尽管20世纪由于种种原因，国内对饱和潜水研发的推进速度很缓慢。但上海打捞局研发饱和潜水技术的脚步一刻也没有停止过，打捞人始终坚信：只要能够掌握饱和潜水技术，那么，打捞人走向深海的梦想就能实现。

2000年8月，俄罗斯核潜艇"库尔斯克"号在巴伦支海108米海域沉没，艇上所有官兵全部遇难，俄方由于没有饱和潜水力量进行潜艇打捞，只能求助于挪威和英国帮助打捞，大量的国家机密被泄露。"库尔斯克"号事件引起救捞人的深思，一旦发生类似事件，作为国家应急潜水打捞的专业队伍，我们不干谁干？我们不能谁能？我们绝不能重蹈俄罗斯的覆辙！强烈的责任感激发起上海打捞人强烈的爱国热情，攻坚克难，勇于创新，要坚决拿下饱和潜水技术这个战略高地，为国争光，为救捞人争气。

饱和潜水技术在国际上只有通行潜水理论和训练可供学习，各国都把关键技术作为核心机密，几乎没有更多国际作业技术经验可供借鉴。长期以来，上海打捞局抛弃"等、靠、要"的思想，应对发达国家的技术封锁，依靠自身力量，立足国家层面，主动加压，主动作为。救捞体制改革后，上海打捞局坚定挺进深海的步伐，把握国家向深海发展的历史机遇，实行举局体制，咬住"突破饱和潜水作业技术"的目标，在叶似虬的带领下，郭杰、金锋等中国深潜水事业的创业者、实践者，经过持之以恒的努力，自主研发取得了这一重大技术突破，并在较短的时间内形成可靠、安全的作业能力，使我国饱和潜水技术得到突飞猛进的发展。

据统计，2006年以来，上海打捞局自筹资金近1亿多元，通过人员培训、作业试验和装备引进、建造，形成了饱和潜水的技术能力、装备能力和队伍的战斗力。其中，克服建制、培训、经费等方面的困难，通过自编教材，自主投入巨额教育培训经费举办多期饱和潜水作业人员的培训。600 多人参加了培训，饱和潜水员培训四批共计 126 名；饱和潜水监督培训三批共计 25 名；饱和潜水生命支持员培训两批共计 35 名。为了不断扩大研发队伍，确保饱和潜水技术研发后继有人，根据"使用就是最好的培养"的人才培养理念，加快大深度水下援救打捞队伍的建设和发展，通过船舶调配、租船使用、人员调动等方式，专门投入几千万元经费进行了 4 次饱和潜水试验，在工作实践中自行培养形成了一批以管理指挥人员（潜水监督、生命监督、设备监督）、饱和潜水员、生命支持和设备人员组成的具有理论和实践经验的技术研发和作业团队，饱和潜水作业队伍得到了不断壮大，正在逐步走向年轻化和熟练化，保证了这些年来饱和潜水作业施工的正常运行。另外，国家投资 6 亿元建造了"深潜号"潜水作业支持母船。上海打捞局利用海洋工程作业的实践平台，获得了饱和潜水大量的实践机会，形成了队伍锻炼和实战能力提高的良性机制，为挺进深海、发展饱和潜水技术打下了坚实的基础。

未来　进军 500 米

在交通运输部救助打捞局党委书记郑东兵看来，我国首次 300 米饱和潜水作业取得成功，掌握了 300 米饱和潜水技术，意味着我国的饱和潜水能力已经覆盖渤海、黄海、东海的所有经济海域以及南海部分经济海域，完全可以凭借我们中国人自己的力量来应对海底应急突发事件、海洋工程，完成水下 300 米深度各种复杂的水下安装、抽油、抢险打捞等任务。这有利于提升我国在海洋活动、海洋经济中的话语权，这是一个国家综合实力的体现。

沈灏认为，海洋是生命之源，是人类拓展生存空间、实现可持续发展的资源宝库。向深海进军、从海洋取宝、大力发展海洋经济是我国加快转变经济发展方式的重大战略举措。

"下一步，我们将进军 500 米的深度。"上海打捞局局长洪冲说。他认为，我国要真正做到国际领先，还必须不断跨越，要在饱和潜水作业的 4 个要素，即作业技术、系统设备、人才队伍、支持母船上有新的提升和创新；要开发和掌握 500 米饱和潜水全套技术，争取在 500 米饱和潜水关键和核心技术上取得重大突破，实现"救捞能力和水平要达到国际先进水平，走到世界前列"的目标，为保障海上安全和建设海洋强国,为实现中华民族伟大复兴的"中国梦"做出新的更大的贡献。

按照交通运输部规划,500米饱和潜水作业技术现已被列入计划。

管猛和董猛不约而同地说:"只要有机会,500米我们还会继续下,这是每一个潜水员的梦想。"

人们期待着又一个新纪录的诞生。

坚守孤岛写春秋
——记国家海洋局北海分局千里岩海洋观测站原站长张世江

"岁月流逝,站上的同事们换了一批又一批,海洋站也已旧貌换新颜,而对千里岩的坚守,早已成为人生中最深刻的烙印。"

——张世江

张世江,自1976年10月参加工作起,就常年坚守在黄海孤岛——千里岩岛上,从事海洋水文气象观测工作。39年来,他无怨无悔,默默地为海洋水文气象观测事业倾注了全部心血和汗水。他曾先后荣获"国家海洋局优秀观测员""北海分局五十班、百班无错情"称号。在2008年抗击浒苔等重大海洋防灾减灾工作中做出了贡献。

39年来,张世江把宝贵的青春年华全部奉献给了千里岩。39年的相守,千里岩已成为他身体的一部分。

2015年4月24日，山东青岛。已是暮春，空气中仍透着微微寒意，笼罩着岛城。

在伊春路88号院，60岁的张世江正痛苦着。就在一周前，他的老毛病——腰疼病又犯了，痛得他直不起腰来。妻子邵永芝拿来膏药，给他悉心贴上，嘱咐他按时服止疼药。就这样，张世江还是连躺了几天。

无疑，张世江是怕春天的。因为，一到这个季节，腰疼病就犯。一犯，就疼痛难忍。在千里岩上39年，岛上寒冷潮湿，使他落下了这个病根。

复发的腰疼，打乱了他的出行计划。若不是如此，这时，张世江和妻子或许已在广州。世界那么大，他想去看看，也想带着妻子去看看。"几十年来，亏欠家庭太多了。"他很清楚。

2015年2月11日，北方小年。这一天，张世江和千里岩39年的相伴，戛然而止。他知道，他不得不接受这样一个事实——退休。小年夜，他难掩落寞。往事如烟，那些守岛的辛酸、爱岛的情感、风吹浪打的友情，伴随着黄海那奔腾不息的潮涨潮落，在峥嵘岁月中，与千里岩一起，铸成了一道永不磨灭的风景。

39年，在国家海洋局北海分局千里岩海洋环境监测站，张世江从普通一员成长为副站长、站长，寒来暑往，春去秋来。风霜改变了容颜，情感浸透了孤岛。千里岩上，他以岛为家；监测站里，他爱岗奉献有担当。

39年，在0.15平方公里的孤岛上，张世江将青春献给了海洋环境监测工作，献给了那片海、那座岛，还有那群同甘共苦的兄弟。

千里岩上望眼欲穿

1976年10月，对于来自山东海阳的农村小伙张世江来说，人生新的一页就此掀开。他幸运地通过了国家海洋局组织的农村招工，被分配进入北海分局千里岩海洋环境监测站，成为一名吃"皇粮"的正式工。相比那些合同工，"找到工作"的感觉曾让张世江内心激动了很长一段时间。毕竟，在那个年代，"招工很难的，能招上，就不错了"。

海边出生，海边长大的张世江，喜欢大海。小时候，他时常跟着村里打鱼的船，"出海去玩"。因此，大海于他并不陌生。

大海星空
2014年度海洋人物

经过在山东海洋学院（现中国海洋大学）3个月的集中培训，跟班实习后，张世江无论是在海洋知识上，还是在实践操作技能上，都有了一个全新的认识和提高。"实习一段时间，可以独立值班了，和其他人一起，我们就去了千里岩。"

带着对海的热爱、对工作的一腔热情，上岛后很长时间内，张世江感到的都是新鲜，在四面环海、没有淡水、没有电、没有常住居民的千里岩上，张世江挥洒着青春与热血。虽然工作和生活的环境与他心里所想的大相径庭，但"还能适应"。加上同一批入职的8个人、驻岛的军人、灯塔守护者……岛上一时间有十七八人。"那时挺热闹的，环境和工作虽然都很艰苦，但心里觉得光荣。"

说起光荣，木讷的张世江打开了话匣子。千里岩是黄海中部的一座孤岛，海拔93米，岛上地势陡峭，全是岩石，几乎没有泥土，植被低矮且稀少。就是在这座孤岛上，驻扎着国家海洋局特类艰苦台站——北海分局千里岩海洋环境监测站。在整个中国北方，这里是环境最艰苦的海洋观测站。张世江告诉记者，这样的台站，在我国的南沙还有一个，环境和千里岩差不多，这是国家海洋局公认的全国环境最

恶劣的两个观测站。

虽然环境恶劣，但地位重要。千里岩所处的海域，地理位置特殊，是海上交通要道，观测的数据填补了我国黄海中部海洋观测的空白，对准确及时地发布北海区海洋预警报，特别是风暴潮预警报，确保船舶航行安全等具有十分重要的作用。

正因其重要性，千里岩海洋环境监测站被确定为国家基本发报站。张世江说，在千里岩上，不能缺少敬业精神。"因为，我们观测的数据参加全球大气环流观测数据交换共享，观测数据的质量代表的是国家形象。"

每天4次固定发报时间，其余时段监测数据国家海洋局实时接收。一年365天、每天24小时值班，定时观测温度、湿度、风向、海浪、盐度、气压等天气和海洋数据。"日常观测工作量比一般海洋站都多。"

忙碌的工作之余，难免想家。千里岩海洋环境监测站，采取的是全站人员轮流驻岛值班的方式。早些年，一年只有40天探亲假，其他时间都在岛上值班。而工作第一年，则按规定没有探亲假。岛上一待就是大半年，甚至一年多，让张世江有些无所适从。

单身的日子里，还好。可对于新婚的年轻人来说，那份牵挂和驻岛的寂寞，就来得更直接、更猛烈。下不了岛，打不了电话的那些年，张世江心里"也是着急"。

新婚不久，妻子邵永芝曾不辞辛苦，专程从海阳到千里岩上探望丈夫。"我上岛看了后，心里很难受。挺荒凉的感觉。"万一在这个地方生病了，可怎么办？这是邵永芝最大的担心。

要下岛了，船慢慢驶离千里岩。看着丈夫站在岛上，目送自己的身影逐渐远去，直至挥动的手消失不见，邵永芝眼里涌出了泪花，心里五味杂陈。

"结婚时，没想到他会在岛上干那么多年，寻思就是干干就下来了，三五年就下岛了，没想到一干就是一辈子。"邵永芝没想到，张世江对千里岩有多么不舍，又放弃了多少原本可以调离的机会。

如果不退休，这个时间，张世江应该又在千里岩上了。

春季，是岛上最苦的季节。南风多、阴冷潮湿、多雾，岛上种的菜长不起来，岛下的菜又送不上去，储存的食物也不能放。"是最难熬的时候。不知，他们这时在干什么？"他轻声嘀咕着。这更似一份不舍的牵挂。在离开岛的上百个日夜里，这份牵挂始终萦绕在他的梦里梦外。

千里岩上战风斗浪

千里岩海洋环境监测站,设在岛上 70 多米高的地方。从码头通往监测站的是一条弯曲的小路,沿途陡峭,台阶 300 多个。而每一次补给,上千斤的物资就只能靠上岛人员肩扛手抬,从码头爬上台阶,一点一点地搬到站上。

在这个国家海洋局特类艰苦台站,如果没有补给,人类在岛上将无法生存。

为了维持岛上工作正常运转,食品、饮用水和发电取暖用的煤等都靠定期补给。"我们办公、生活必需品都要从码头一点点背上去,每次至少背三四个小时。"以前冬天取暖烧煤时,张世江说,"每次最少要补给 8 吨。五六个人,扛完 8 吨煤,最少需要两天时间。全身被煤弄得黑乎乎的,根本不像工作人员。"

补给时常还会受天气等原因延期。一旦一两个月还没有拿到补给,岛上就开始缺吃少喝。没办法的时候,他们就三顿饭改作两顿。再幸运的话,他们就跟过往渔船换点吃的,实在没办法就只能弄点海草拌拌吃。

生活如此,工作亦是相当艰辛。在要求保证资料第一的 20 世纪八九十年代,

每一份资料的获得，尤其是在大浪、台风等恶劣天气下，都可谓是提着"脑袋"换来的宝贵数据。

"那个时代，测水文数据，去晚了不行，越是恶劣天气，越要坚守前线，资料第一，再危险也要保证资料齐全，克服一切困难都要拿到资料。"

那是20世纪80年代，有一次，浪太大了，为了能拿到关键水文数据，又不出现危险，张世江和同事就在腰部绑上绳子，到海边去观测。

要说最危险的一次，还不是发生在观测时，1982年的五六月份，当时，张世江当班。一天，突然雷电响起，职业敏感使然，他立即通知他的师傅曾瑞华（现已退休）替他值守。张世江赶忙跑上观测场去查看雨量计和其他设备仪器。突然，一个响亮的炸雷打来，整个岛上唯一的一部手摇式电话被击中，电话下面的搪瓷质地的瓷壶被打碎。瞬时，瓷壶破碎后的电磁波便打到了曾瑞华师傅的大腿上。情况危急！更重要的是，当时的岛上没电，发报以及与外界联系全部通过海底电缆。电话线全烧了，电报自然也发不出去了。

与此同时，岛上其他电器设备也全部被烧毁。"我在观测场上，蹲着看仪器设备，心想千万别出事。还好，我这边一点事没有。"张世江回忆起来，这是守岛 39 年情况最危险的一次。

大风是岛上的常客。十一二级的台风并不稀奇。"天气越恶劣，数据就越宝贵。"台风期间，为了拿到关键数据，又要保证观测的安全，张世江只能趴在地上一步步爬向验潮井。有一次，他看到验潮井离海边只有 4 米左右时，瞅准海浪落下的瞬间，迅速开门钻进去。"关门的瞬间，我就听到海浪重重拍打在门上。"张世江回忆道。

大风也曾掀翻张世江所住的房顶。6 米长、40 多厘米宽、6 厘米厚的平房顶上的木板，一阵风就吹跑了。"风很厉害。"张世江说。

风大浪大都挺危险的。有时一个大浪过来，溅起 70 多米的飞沫，一股脑全扑到了岛上。"海水的飞沫打过来，刚长出小苗的青菜，就全淹了，只得另种。"冬天天不好的时候，换班时间少，岛上甚至两个多月吃不上新鲜蔬菜。

有时，风大得甚至会刮断岛上风力发电的叶片。台风时风还不算大。冷空气时，尤其是冬天，风特别大。"看仪器时都要特别注意，有时加固好的仪器也被刮跑了。"张世江说,每年5月以后,风小了,最难熬的时期才算度过。

"你不值班,我不值班,谁来驻守千里岩?"每当队员中有人离开,有人情绪不好,补给不能按时到来时,作为站长,张世江就会这样安慰大家。

"没事时不想家,困难时、生病时都想家。"张世江说,每次到了快下岛的时候,岛上就人心惶惶的,开始变得不稳定。"以前单位船小,一旦到了换班时间船来不了,或是船来了,天气不好,风浪太大,靠不了码头,又走了。还有的时候,船经常是走到半道又回去了。当知道船来了又走了,要下岛的人情绪就会有一些不稳定。"每当这时,张世江就安慰他们:"要想得通,没船,天又不好,船来不了,等着吧,上火没有用,对自己也没好处,还不如不想这事。"

岛上人员一旦出现什么安全问题,这个责任谁也负不起。为此,张世江压力一直很大。"岛上天气不好,打雷,仪器会不会受损?刮大风,设备是否加固好了?吃下去的东西是否健康……特别是人员安全、食品安全方面,是个大事。"因为这份沉甸甸的责任,很多个春节,本该轮到休假的张世江,却独自留在了岛上,把最珍贵的团聚时间让给了年轻人。"一到过年,哪个年轻人家里有事要下岛,他就让别人下。原本准备好的回家过年,突然间就成了泡影。"有多少次,邵永芝盼来的都是一场失落。

身为站长的他,常年坚持上岛值班,每年上岛时间都超过全站人员上岛时间平均数。所幸的是,在张世江担任监测站站长的几十年里,岛上没有出现大的事情。"一旦有什么事,我一说,岛上同事都听。"张世江心里舍不得他们。

想家的时候,张世江就默默地抽上几口烟,和兄弟们喝上两杯酒。他知道,不管怎么去想,他都亏欠那个家。他只能更加守护好千里岩,用一组组数据,一张张报表,填补心中对家的那份愧疚,对妻儿的思念之情。

"几十年来,都习惯了。"他总是这样说。

自2000年3月开始,岛上的监测任务减轻了很多。风向风速仪、气压表、温度表、测波仪等人工监测仪器,逐渐被全自动化仪器所取代,再也不用人工抄写、制作报表了,也不用冒着生命危险去监测了。

与此同时,站里的工作环境也有了很大改善。告别了煤油灯,安上了太阳能,添置了电视机,设立了信号站。不但能给家里打个电话,偶尔还能上网。随着各方面条件的改善,连续驻岛时间也从原先的4个月,逐渐减少到1个月左右。

2008 年，岛上又有了新面貌。两层小楼建好入住了。既有公寓，也有仓库、招待室、伙房、值班室、办公室等，岛上工作和生活条件有了很大改善。但依然不变的是，台站仍是国家海洋局最艰苦的海岛站。

放出去的风筝　断了的线

张世江有一个令人羡慕的家，贤惠的妻子，懂事的女儿，几十年来，从未让他操过心。

张世江的家，是一个紧凑的小两居，整洁温馨。自 1992 年搬到这套房后，他就再没搬过家。

走进他的家里，客厅的电视柜上，右手边摆着一幅女儿的照片，左手边放着一张奖状，青岛市文明委颁发给张世江的，"感动青岛" 2014 年度十佳人物提名奖。

还有一个奖项，被妻子邵永芝装进了抽屉里，那是青岛市市北区委宣传部、市北区妇联、市北区文明办联合颁发的 2014 年度市北区 "最美家庭" 荣誉称号。

说起这些荣誉，邵永芝连说 "不容易，真是很不容易"。而张世江则将贡献全部归结为妻子。"我上岛这么多年，她一个人在家辛苦了，家里家外操持起来了。我能安心工作，全是家人的支持。" 张世江说。

他难以忘记，1992 年单位分房，刚拿到新房钥匙，还没装修，第二天，上岛值班的日子就到了。匆匆把东西搬到新家后，面对着堆满东西的屋子、妻子无奈的表情以及刚满两岁的女儿，他平静地说："没办法，工作需要。" 就这样，丢下眼前这一切，背上背包，他头也不敢回地走出了家门。他明白，领导如果有困难可以不去，别人有困难就更不会去，所以，面对困难，只能自己克服。"谁没有困难，特别是年轻人。而我只能始终率先垂范。"

看着满屋子的东西和年幼的孩子，一向坚强的邵永芝哭了好一阵子。"当时心里真是特别难过，我还要上班，还要带孩子，收拾屋子，一点办法都没有，真是特别不容易。" 没办法，邵永芝只得将母亲从海阳老家接过来。邵永芝的同事知道后，也过来帮忙收拾东西，总算把家安顿好了。没有时间装修，邵永芝就简简单单地买了地板革铺上。直到 2010 年，房子才真正有了第一次装修。

张世江永远也忘不了，1983 年，父亲因病在青岛就医，他却因上岛值班的船期到了，而未能在病床前照顾，只得将父亲托给在青岛工作的老乡。这一走，他再也没有见到父亲。父亲不幸病逝后，他从岛上换班下来，疾奔海阳。满腹心酸，无处诉说。"公公去世后，在灵堂里，他哭了好久。那么长时间没见父亲，也没照顾得上。他挺伤心的。"邵永芝知道，张世江心里有愧疚。父爱如山，作为儿子，他没能尽孝，他多么希望九泉之下的父亲，能原谅他的不孝，原谅他的忠孝难以两全。过了父亲的头七，他又匆匆赶回千里岩。

他对女儿也深感遗憾，女儿从小学到大学，他从未过问过。"很少接触，没关心上她。"回到青岛轮休的张世江，很少有机会送女儿上幼儿园。"送她去幼儿园，她哭的时候我就跑。没办法，看到就难受。"如今，自己老了，回归家庭了，女儿却已长大成人，离巢而飞了。已经工作两年的女儿，在深圳独自打拼。可不管女儿身处何方，张世江心里总会自责："就是对她照顾得太少，什么都没关心过。"

39年里，张世江陪伴妻女度过的春节，可谓屈指可数。在那些夫妻天各一方的春节里，尤其是没有电话的年代，一到传统佳节，张世江只能遥望几十海里外的青岛，在心里默默地为妻女送上一个春节的祝福。

记者问他，有多少个春节没有和家人团聚过了，"记不清了，没计算过。"说这话时，张世江望向了坐在对面的妻子，"几十年来家里的事，我几乎什么都没掺和过，没管过，都是她一个人在操办。"

在2010年前，邵永芝记得，丈夫在家过的春节都不多，"3年最多能在家过一次"。

特别是一到过年，丈夫不在家，家里就只有邵永芝和孩子两个人。"以前我母亲在的时候，我就带着孩子回老家过年。从俺母亲去世后，我就和孩子在青岛过年。"

以前岛上没有信号，一到过年过节，大家就都围着岛上一个点找信号。岛上面的人能联系到下面，下面的人却联系不到上面。"那时候就是他放假打个电话。就像放风筝一样，放走了，就再也抓不回来了。"邵永芝说，最难过的时候就是过年和孩子生病，一过年，别人家都热热闹闹的，她却和平时一样，只有女儿陪伴。有时，孩子一生病，特别是晚上病了，她就要自己一个人带着去医院，连个帮忙的都没有。"不知道怎么过来的，酸甜苦辣都有。"邵永芝说。

有酸就有甜。每当张世江在家过年的时候，邵永芝的心里就感到甜甜的。"他回来了，我们一家就回海阳，和我婆婆一起过年，感觉很甜。"

几十年来，张世江总是来了又走，走了再来。而邵永芝也逐渐习惯了这种生活。

如今，夫妻俩均已退休。"现在干啥都在一块儿，天天守着就好了。"

不舍的眷恋

2014年12月4日，张世江轮休下岛。而这一次的离开，是他和千里岩39年相守相伴的告别。

"当时下岛时，我不知道是最后一次。"张世江没想到，这一天就这样到来了。

2015年2月，正在冀东油田测海冰时，张世江接到一个电话，电话中告知他要退休了。"当时听到，还没有思想准备呢，我觉得是档案弄错了，一直以为还有一年呢。"张世江觉得很不舍。

从冀东油田回来，那天是2月11日，北方小年。此时，退休通知已经下到了单位，春节前，所有的退休手续都办完了。"那一刻，是有很多不舍，有很多感触，但是心想总得退休吧！"

39年里，在小小孤岛上，他走遍了每一个角落，一草一木一岩石，他都熟记于心。

春节以来的这一两个月，张世江心情一直很不好，他一时适应不了退休的生活。"一下子回到这个环境，有些失落。以前好歹有个活儿干，现在哪儿也不去了，也没什么可做的了。"和别人下岛后在家休息的生活不同，以往这些年，张世江下岛后，天天去单位上班。因为各种事情，整天电话不断。

"他就没有个假，一年到头没有假。探亲假、带薪休假也从来没休过。从岛上下来就是上班。"邵永芝说。而对于张世江来说，这就像是个规矩、习惯一样，岛上值班，下岛上班，没事回家。"现在突然改变了这种生活，任何压力都没有的生活，特别不适应。在岛上那么多年，感情很深啊！"

直到4月，张世江利用为母亲过生日的机会，和妻子一起回到海阳待了几天。再次回到青岛后，邵永芝觉察出丈夫的心情才慢慢好点。

在千里岩的39年，由于气候和环境问题，张世江和其他人一样，身体患病在所难免。除了一到春天就犯的腰病外，2012年，张世江患上了心脏病。"从岛上下来就住院了，治好后又继续上岛工作。"张世江说，那段时间身体不好的时候，单位也曾打算调他下来，可他还是选择了坚持。"换了别人业务是不是熟悉？没去过千里岩的人，对那个环境能不能适应？环境适应不了，工作怎么开展？"张世江克服了困难，持续工作至2014年年底。

2014年5月，张世江在上岛前随身多带了一样东西——DV。他希望用镜头记录下千里岩的一草一木、一花一石，"留着以后想念它的时候看看。"

张世江镜头里的千里岩，枝繁叶茂，绿荫覆盖。"这棵是无花果树，每年结好多果，很甜。那棵是桃树，那边是观测场、值班室、灯塔……"岛上的每一个角落，在张世江眼里，都闪烁着光芒。"舍不得。"他一边向记者介绍着，一边沉浸其中，喃喃自语。

如今的千里岩，在张世江眼里，环境优美、交通也便利了很多，岛上空气也好，是一个养老的好地方。"如果不考虑家庭的话，退休后到岛上养老，也是不错的。"

时光匆匆，韶华易逝。千里岩改变了张世江的容颜，却使他越变越青春。

是啊，39年的光阴岁月，足以改变一个人，可是在张世江身上，有的只是他对闹市的不适应、对车流的恐惧，39年间，他对千里岩极尽付出、牺牲和奉献，正如他所说："如果身体好的话，还想再干干。"

39年里，张世江有很多次机会离开千里岩，他也曾考取函授大学、宁波海校，可最终他都选择了留下。

39年里，他送走了一批又一批下岛的人。当年一起招工来的8个人，最后留下的只有两个。"离开的离开，调走的调走。"妻子也和他多次谈过下岛的事情，他也清楚家庭、孩子，几十年里都没顾上。

"在岛上多少年，和大家相处得都不错。心里舍不得他们。"

"如果有机会以后还会再上千里岩去看看吗？"记者问道。

"会的，一定会去。"张世江毫不犹豫地回答。

如今，张世江的生活彻底清净了。身体好的时候，他会和妻子一起逛逛早市，买买菜。习惯了岛上生活的他，平时没事也不愿出门。外面车多、尾气多，他不喜欢。

他甚至想回老家海阳。"老家车少，好点。"张世江心想，如果孩子结婚后，也不打算回青岛，他就合计着带着妻子，回到最初的起点，到老家海阳养老。

在那里，他依然可以面朝大海，依然能够听到熟悉的海浪的声音。

39年来，张世江将整个青春年华赋予了千里岩。如今，带着对它的不舍，对兄弟们患难与共的感情，如同39年前，他兴奋地走上工作岗位一样，今天，已经白发的张世江，将开始另一段美好的人生时光。这一段时光里，他将带着妻子一起分享生活的点滴。回归家庭，这曾是他和妻子多少年的渴望！他要用很多很多的时间，在时光的隧道里，陪妻子一起慢慢变老！

"我这一生，亏欠家庭的太多了！"张世江抹了把眼泪。他知道，属于他们的生活才刚刚开始。

女记者的海洋梦
——新华社记者张建松

> "极地事业关系到中华民族千秋万代的长远利益,是一项重要的国家战略,也是新闻报道的富矿。在我的新闻记者生涯中,能为这项事业宣传报道、呼吁呐喊,是我人生中深感荣耀的一件事。"
>
> ——张建松

在互联网上检索"记者张建松"几个字,你会发现,她采写的新闻大都和海洋有关,其中有关南北极的报道又占了大部分。名字充满了阳刚之气的张建松,其实是一位温婉的新华社女记者。参加新闻工作18年来,她至少有十分之一的时间在海上度过,从南极到北极,从东海到南海,诸多海洋报道在她的笔下一一呈现。不少同行说,张建松对海洋的热爱程度和对新闻工作的敬业程度令很多同行自愧不如。

"走南闯北"的巾帼英雄

"我的家乡在安徽省岳西县,那里是大别山革命老区。从小,我能看到最远的地方就是层峦叠嶂的大别山。山外是怎样的一番世界?让我充满了好奇。"张建松说。

1997年,张建松入职新华社,第一次到中国极地研究中心采访,神秘、绝美、纯洁的南极令她心生向往。到南极去采访成为她的一个梦。为了实现梦想,她准备了整整10年。其间,她翻阅大量极地与海洋的资料,不断跟踪报道我国极地事业发展的脚步。

2007年,张建松获准参加中国第24次南极科学考察,成为新华社历史上第一位赴南极采访的女记者。2010年,意犹未尽的她又申请参加了中国第4次北极科学考察,也是新华社历史上首位抵达北极点进行新闻报道的女记者。

每次考察,张建松都克服晕船、感冒、通信不便、体力不支等种种困难,身兼数职,一人承担文字记者、摄影记者、视频记者三重职责,播发大量全媒体的报道,在社会上引起较大反响。

2012年,张建松出版了《最接近天堂的地方:新华社女记者238天的南极、北极之旅》一书。她用自己独特的视角为读者还原了一个真实美丽的南极,其中还包含了从事极地科学报道10多年的她对于极地资源、各国考察站、海冰融化以及环境保护等问题的思考。

"这是一段充满激情的人生,是我10多年记者生涯中最快乐、最单纯、最过瘾的时光。"张建松在书的开篇写道。她将极地科考报道看成了自己的事业。2013年,张建松再次主动申请参加了中国第30次南极科学考察。

中国第30次南极科考是我国进行首次环南极航行的一次尝试。160天里,"雪龙"船一路航经24个时区,时差混乱,让人"黑白颠倒",频繁遭遇气旋,人的五脏六腑都被颠簸得"摩擦生电",在异常艰苦的工作状况下,张建松共采写发表了160多篇稿件,发表670多张照片,播发40~50条音/视频稿件。此外还采写了6篇新华社内参、4个社办报刊专版以及10万多字南极日记。在后方编辑配合下,播发了大量的新媒体报道。

"在最紧张忙碌的时期,每天都是在吃着救心丸的状态下、超负荷的状态下坚持工作。"张建松回忆当时的情景说。2014 年,国家海洋局主编出版了《冰海荣光》一书,书中称赞张建松是一位两次登南极、一次赴北极,"走南闯北"的巾帼英雄。

亲历"雪龙"船极地大营救

在每次艰苦的南北极科学考察中,张建松作为随队记者,充分发扬"爱国、拼搏、求实、创新"的南极精神,不仅在考察队员中留下良好口碑,被评为优秀考察队员和优秀共产党员,也是中国现代海洋报道领域综合素质优秀和极地考察新闻报道最多的记者。

"雪龙"号在首次环南极航行过程中,成功援救了俄罗斯在南极遇险的"绍卡利斯基院士"号。撤离重冰区的时候,自身被困受阻,引起全国人民极大的关心,习近平总书记和李克强总理先后做出批示,国家海洋局在第一时间成立了"雪龙"

号脱困应急小组。在前后方的共同努力下,"雪龙"号抓住有利的天气时机,自主脱困、成功突围。在圆满完成南极现场任务,返回澳大利亚珀斯港的时候,还紧急接到搜寻马航失联客机 MH370 的任务,又重返南大洋。

张建松亲身经历、全程报道了这一系列重大新闻事件。在当时国内外舆论十分复杂的形势下,她把握大局、临阵不乱,在南极一线采写的新华社独家报道,生动而很有分寸地掌握了报道节奏,把握了政治大局,在国内外舆论中起到了中流砥柱的作用,正面引导了舆论,得到国家海洋局的高度赞扬。

为了确保国际救援行动的万无一失,"雪龙"号上的直升机将俄罗斯船上52名被困人员营救到澳大利亚"南极光"号之前,考察队组织了海冰先遣队在南极冰面上进行前期的各项准备。这项任务要冒着生命危险,刚开始没有让记者参加。在得知消息后,张建松第一时间冲到驾驶台找到领队,主动请缨,一定要一起去。

"我是一名记者,如实记录国际救援行动中的每一个镜头是我义不容辞的职责,再危险我也要去。"在张建松的再三坚持下,她终于成为海冰先遣队唯一的女性,脖子上挂了两台专业相机,肩挎一个摄像机,左边口袋放着铱星电话,右边口袋放着对讲机，手上拿着出镜话筒，全副武装登上了直升机。

那次海冰救援惊心动魄。张建松回忆说："我当时从直升机的窗口清楚地看到，直升机的一个轮子刚刚落到冰面，立即就陷下去了一大半，非常紧张。好在驾驶员临危不惧，立即将直升机提升起来，保持住平衡，悬停在冰面。"

从直升机上跳到冰面上，厚厚的积雪几乎没到了张建松的腰间。直升机的双层旋翼吹起巨大的风，刮起了一阵猛烈的"冰雪风暴"，劈头盖脸地打来，让人挪不开步子、睁不开眼睛。科考队员们冒着巨大的危险，极其艰难地从机舱卸下木板和科考仪器。张建松也几乎是连滚带爬，把他们的勇敢行为用自己的镜头拍摄下来。由于表现突出，中国第30次南极科学考察队代表在中南海紫光阁参加极地座谈会的时候，张建松代表考察队向国务院副总理张高丽赠送了纪念相册。

"雪龙"号成功救援在南极被困的俄罗斯船上的人员，为我国赢得了广泛的国际赞誉，彰显了我国作为负责任极地大国的良好形象，在我国现代航海史上、极地科考史上都留下了浓墨重彩的一笔。张建松将自己冒着生命危险拍摄的大量珍贵影像资料以及科考队员签名的"建松带你看南极"和"探索的脚步永不停息"两幅旗帜捐赠给国家海洋博物馆，作为国家海洋博物馆的永久收藏。国家海洋博物馆筹建负责人、天津市海洋局巡视员孙玉瑄表示，此次捐赠活动开辟了国家海洋博物馆向新闻媒体征集展藏品的先河，体现了新华社关心支持国家海洋文化发展的责任感、使命感，体现了新华社记者关心支持国家海洋博物馆建设的奉献精神。

中国东海维权的"见证者"

作为一名从事海洋报道的女记者，张建松的足迹几乎踏遍东海。她曾经登上中国海监固定翼飞机亲历空中巡航，曾经乘坐直升机抵达中韩有争议的苏岩礁、日向礁上空，曾经到东海油气田钻井平台上采访一线工人，曾经到上海的领海基点佘山岛采访坚守的海洋观测员……

2012年9月11日，日本政府不顾中国人民的强烈反对，悍然宣布"购买"我国的固有领土钓鱼岛及其附属岛屿，实施所谓的"国有化"。为维护我国的合法权益，中国海监船两个编队起程奔赴钓鱼岛海域进行维权巡航，张建松经过努力争取，登上了"中国海监50"船。

大海星空
2014 年度海洋人物

那次巡航是日本宣布将钓鱼岛进行所谓"国有化"、我国政府发表钓鱼岛领海基点基线的声明以后，中日两国公务船在钓鱼岛海域第一次正面交锋。当时的气氛剑拔弩张，会不会在海上擦枪走火，谁也没有把握。张建松和全体海监队员，像战士一样奔赴前线，勇敢地奔赴钓鱼岛海域，宣示我国的主权。

"在第一时间发出新华社快讯后，我就赶紧拿起相机确保在第一时间拍摄到新闻照片，同时肩上还挎着一个摄像机，拍完照片后，赶紧拍摄视频，把所有精彩的画面抢到以后，最后再写文字稿。"张建松说，进入钓鱼岛海域后，中日船只紧张对峙的时刻，也是她工作最忙的时刻。

在紧张的钓鱼岛巡航中，张建松充分体现出了一位优秀新闻记者良好的心理素质和过人的胆识。她说："进入钓鱼岛领海后，给我留下最深印象的，不是日本海保厅的船阻挠叫嚣，也不是日本飞机在头顶的盘旋呼啸，而是钓鱼岛的美！作为一名记者，我一定要把钓鱼岛的美拍出来，让全国人民欣赏到祖国的大好河山。"

张建松拿着相机走下舷梯来到底层甲板，选择角度，屏气凝神，非常镇定地等待海鸟飞过镜头,按下快门。她精心拍摄的这张美丽的钓鱼岛照片,后来成为我国出版的钓鱼岛地图的封面。张建松拍摄的另一张经典照片是"中国海监15"船在钓鱼岛最高峰——高华峰的近岸巡航,当时距离钓鱼岛1.55海里。这张照片新华社播发后,在全国引起巨大反响,几乎所有报纸都大幅刊登。这是我国媒体首次公开发表的中国公务船在钓鱼岛巡航、距离钓鱼岛最近的一张照片,后来入选小学生爱国主义教育读本,并成为新版记者证的防伪照片之一。

中国海监"9·14"钓鱼岛巡航是我国在钓鱼岛斗争关键时刻一次精彩的"亮剑"行动,极大地鼓舞了全国人民,彰显了中国人民捍卫领土主权完整的坚定决心和意志。那次巡航具有宣示主权的里程碑意义,张建松拍摄的很多精彩照片成为历史的见证。

2013年5月,张建松拍摄的照片和她的记者证被国家博物馆永久收藏。

"作为记者能够在国家重大决策的历史瞬间留下一个小小的烙印,这是一辈子的骄傲。"张建松说。

2013年蛇年春节,张建松放弃和家人团聚的时刻,登上"中国海监137"船,报道海监队员在钓鱼岛海域巡航过年。冬季的钓鱼岛海域天气极其恶劣,七八级大风是家常便饭,海面上雾气蒙蒙、恶浪滔天。在绕岛巡航中,海监船时而顶着风航行,船身前后摇晃,船头在波涛中起伏;时而横着风航行,船身左右摇摆,最大摇摆幅度达到三四十度,人在船上根本站立不稳。在极其恶劣的海况下,张建松坚持采访、写作、拍摄。她和同事们充分发挥新华社新媒体报道的优势,在网上征集中国海监船钓鱼岛巡航的春联,引起热烈反响,成为蛇年春节网上的热点话题。由于爱岗敬业,张建松被评为上海市"三八红旗手"、获得上海市"五一劳动奖章"。

宣传海洋的专家型记者

"极地考察是一件功在当代、利在千秋的事业。每一次科考都是向公众进行科普的最佳时期。"张建松认为,"随着我国极地科考成为每年常规性活动,单一的极地新闻越来越难以吸引读者的眼球。"

作为一位长期报道极地新闻的记者,张建松积极探索极地科考报道的新模式。在中国第30次南极考察中,她与新华社上海分社新媒体中心、新华网紧密配合,

积极探索策划"以活动促报道,以报道聚合力"的新模式。通过各种活动,将考察现场与后方科普活动结合起来,将一线考察成果与后方展览实时结合起来,将新闻报道与极地赞助活动良性结合起来,收到了多家共赢的良好社会效果。

在"雪龙"船救援与被困事件中,张建松与新华网合作推出微话题"网友祝福'雪龙'号早日脱困",制作了数据新闻"图热NOW:热心'雪龙'南极历险记",连线进行了微访谈"张建松聊'雪龙'号南极历险背后的故事"等,起到了良好的宣传效果;马年春节期间,她和有关方面策划了"发自南极的祝福""'雪龙'号上征集春联"和"科考队员向家乡人民拜年"互动活动,得到热烈反响,读者发来祝福数万条,应征春联上百条,科考队员对家乡的祝福在国内很多微信、微博"老乡圈"里转发率很高。既展现了考察队员的风采风貌,又传达了中华民族传统节日里的浓浓亲情。

2014年的元宵节"邂逅"西方的情人节,张建松在"雪龙"号与上海分社新媒体中心和新华网联动策划了"让南极见证爱情"活动,组织"雪龙"号年轻船员投放爱情漂流瓶,表达对妻子的爱意和谢意,同时吸引网友参与。这一浪漫的创意活动取得了极佳的社会效果，一些船员的妻子看到报道后，感动得流下了眼泪。在"三八"妇女节，她还与船上女队员开展了"爱护地球、祝福南极"放飞千纸鹤活动，这一活动同时还与上海科技馆举行的"雪龙南极行——中国第 30 次南极科考展览"联动，将观众的留言也"放飞"在南极，取得了良好的公益宣传效果。

为了更好地宣传我国的极地事业，张建松还将多年来的极地采访经历，用生动优美的语言集纳成书，出版专著《最接近天堂的地方——新华社女记者 238 天南极、北极之旅》。作为新华社历史上第一位赴南极采访，也是第一位抵达北极点采访的女记者，张建松把自己笔杆子的功夫发挥得淋漓尽致。她用记者特有的细致入微的观察和孜孜不倦的探究以及她美妙的笔触记录了 238 天极地之旅的点点滴滴。

在她的笔下，南极不仅仅有深蓝色的天空、薄如蝉翼的云、淡蓝色的冰山、一望无垠的洁白海冰，时隐时现飘忽而出的多彩缎带般的极光和包括一摇一摆憨态可掬的企鹅、慵懒的海豹以及凶悍的贼鸥等在内的南极动物，还有一切未解之谜的源头甘布尔采夫山脉和极具科学研究价值的南极大冰盖。

有媒体这样评价："张建松用自己独特的视角为我们还原了一个真实的南极。这其中还包含了这位从事极地科学报道 10 多年的优秀记者对于极地资源、各国考察站、海冰融化以及环境保护等问题的思考。"

2013 年，《最接近天堂的地方》入选国家新闻出版广电总局"向全国青少年推荐百种优秀图书"（科学科普类）。当年的评选活动全国共有 372 家出版社报送了 1509 种图书，报送数量为历史新高。其中，科学科普、百科知识类读物共报送 322 种，仅 23 本入选。读者对《最接近天堂的地方》好评如潮，《中国科学报》《中国妇女报》《新民晚报》《新闻晨报》上海人民广播电台等多家媒体予以报道，北京新闻广播电台还节选了书中的部分文章，进行了音频再创作，在纪实广播小说联播节目中连续播出了 17 天。

海洋界的"学术红娘"

作为一名新闻记者，张建松充分发挥记者联系面广的优势，乐做"学术红娘"。在她的牵线搭桥下，中国极地研究中心与上海国际问题研究院建立了战略合作伙伴关系，推动了极地研究发展；在东海维权关键时刻，她密切联系上海的海洋专家，在上海市美国问题研究所的大力支持下，多次组织召集上海交通大学、复旦大学、上海市国际问题研究院、上海社会科学院、中国海洋问题研究中心、华东政法大学的众多专家，召开海洋问题沙龙，围绕热点问题展开研讨，积极为决策部门建言献策。

以中国第30次南极考察报道为契机，新华社上海分社、中国极地研究中心和上海科技馆联合主办了"雪龙"南极行——中国第30次南极科考展览，并组织了多项活动，其中包括设置新媒体科普互动屏，实时展示南极的报道，使新闻与展览有机结合起来，共接待观众近19万人次。在马年春节期间，上海东方明珠广播电视塔举行了张建松的南极图片展，宣传"爱护地球、保护环境"的理念，上海的《解放日报》《文汇报》等主流媒体均予以报道，增加了新闻的叠加效应。

近年来，张建松除了用手中的笔和镜头宣传我国海洋极地事业，还走上讲台和各类媒体，与读者面对面话海洋。2014年4月，张建松应邀到"上海科普大讲坛"做"行走极地，科考未来"的演讲。2014年5月，在"绿色悦读·书香伴我成长"——2014年上海市中小学生读书系列活动启动仪式上，给上海市中小学生们做读书辅导报告。2015年4月，在"上海国际自然保护周"期间，张建松登上"名人讲坛"，呼吁公众"探索极地奥秘关注人类未来"。同时，张建松还应邀到国家海洋局东海预报中心、上海市科协、上海闵行区政协、上海大团中学、中国进出口银行上海分行等单位做报告，从不同角度宣传我国海洋事业发展，为提升海洋的公众影响力，增强全民海洋意识，推动海洋强国建设，做出了自己的奉献。

耕耘蓝色沃土的园丁
——记福建东山二中海洋生物标本馆负责人、生物老师许李易

> "教育是一种生活，修己成人，立己达人。一位教师的精神越丰盈，他的创造就越丰赡，他从学生那里获得的精神回馈也就越丰厚，他的生命就会变得更加的自由舒展，从而成就他完整的幸福，这就是教育的全部魅力。"
>
> ——许李易

站在自家的砖木小楼上眺望碧蓝的大海，温润的海风吹动着成片的木麻黄树，绿意盎然。顽皮的孩子们在广袤的沙滩上追逐螃蟹，到了交配季节，成对的中国鲎爬上海岸，如果谁抱走了雌鲎，雄鲎就跟在后面紧随不舍，引来一阵欢笑。这样的童年属于东山岛的孩子们，属于30几年前的许李易。

生于斯，长于斯，对于42岁的许李易来说，故乡、母校、大海、学生，几乎是他生活的全部，除了上大学的几年，他从未移居岛外。福建省漳州市东山县第二中学校长助理、生物老师、海洋生物标本馆负责人，海洋科技辅导员，"蓝源"社团创始人，这些头衔并不显赫，但它们的背后，是一串浸透着心血与汗水的人生足迹。

今天的东山岛依旧美丽，闻名遐迩的风动石吸引着四面八方的游客，这块伫立在海边的巨石重达200吨，它有一个神奇的支点，风吹足蹬都会晃动，却绝不会从山崖上滚落。东山岛的关帝庙依然香火繁盛，这里也是闽、台文化血脉相连的载体。东山岛仍然拥有碧蓝的海水和绵软的沙滩，和其他地方相比，这里没有承受太大的经济发展带来的压力，但随着气候、环境的变化，很多海洋物种正渐渐淡出人们的视线。怎样把这片海传承下去，让它依然丰饶而美丽，怎样让今天的孩子们在海洋的浸润中得到启迪，为中国的蓝色文明注入新鲜的血液，这是许李易经常想的，也是他正在做的。这条路是平凡的，或许没有太多的惊喜与奇遇，然而走过这条路的人，却因为信念的执著与真诚，感受着充实与幸福。

掌门标本馆——30年的传承，故乡海的收藏，授业育人的基石

"面朝大海，春暖花开。"不管这首诗的作者当时想表达怎样的心境，以这两句来形容仲春的东山县第二中学恰到好处。这所始创于民国三十年（1941年）的中学，位于铜陵镇演武亭。站在学校教学楼的雨廊上，涌动的大海荡入胸襟。楼前高大的木棉树枝头，红艳的木棉花大朵大朵地绽放。在主楼的一侧，是一幢五层的配楼，这里不仅可以欣赏旖旎秀丽的海天风光，更拥有对面这片大海最丰厚的收藏。

东山二中海洋生物标本馆，珍藏着1200多种海洋生物标本，全面呈现了台湾海峡、闽南海域的物种资源和海洋生态。海龟厅、鲸豚厅、鱼类厅、节肢动物厅、软体动物厅、海藻厅、腔肠动物厅、棘皮动物厅，在不大的两间展室中，不同门类的生物展品被安排得错落有致，井井有条。这些展品并非得自一朝一夕，而是东山二中的师生们30多年来不断积累的成果。随着海洋环境的变化和部分物种的消退，这座小小展馆的丰富性与珍稀性日益彰显，成为该区域海洋科学研究最重要的基础资源库之一。

徜徉在展室中，许李易仿佛步入了属于自己的精神世界，这里有他的回忆和追求。

30年前的东山二中，位于东山岛关帝庙附近，是一所没有围墙的学校，当初

耕耘蓝色沃土的园丁

简陋的校舍自然无法与今天新址上的高楼广厦相比，而那时的大海则更接近于原生态。尽管那是一个物质匮乏的年代，但东山二中的前辈老师们很早便知道引导学生走出校园，走近大海，通过探索海洋的无穷奥秘，为学生提供科学的启蒙。而时值冲龄的许李易也由此与海洋生物，与母校的海洋生物标本馆结下了不解之缘。

当时的学校不仅有海洋生物方面的课外兴趣小组，还有生产贝壳工艺品和海洋生物标本的校办标本厂。许李易最重要的课余活动就是和同学们一起，跟着老师在沙滩和潮间带采集生物样品，制作标本。贝壳工艺品和海生小标本是闽南人家常见的装饰，校办工厂的效益不错，甚至可以以厂养学，支持师生更多地走出校园去搞兴趣小组活动。

1984年，以欧盈茂和陈宗禧老师为代表，东山二中建立了"海洋生物标本陈列室"，当时已制作和保存了600多种海洋生物标本。1987年，陈列室被福建省科协定名为"福建省青少年海洋生物标本馆"，陆续有全省各地的学生前来开展夏令营等活动，标本馆已是名声在外了。当时还是一名中学生的许李易也成为标本馆建设最早的参与者之一。

"老一辈给我们树立了榜样，打下了基础，他们质朴、踏实的治学精神，和对海洋生物的热爱影响着我们一代代教师和学生，并激励我们一直走下去。"中学时代的兴趣爱好，发轫成大学时代的专业与理想，高中毕业后，许李易选择了生物教育专业，到福建莆田读书。这也是他唯一一段离开家乡的时光。大学毕业后，他重新回到母校，成为一名生物老师。而承载着少年时乐趣与梦想的海洋生物标本馆，则在他的手中一步步成长、壮大，甚至成为中国乃至国际科学、教育项目的重要组成部分。

"我经常思考的一个问题是，如何继承和发扬标本馆的真正价值，让它更好地服务于学生的学习，让全社会都能够共享这一精神瑰宝。"标本馆要充实和完善，最难的是标本的采集。许李易和其他专家合作对东山海域的藻类进行采集和调查。这是一项艰巨的工程，一年四季，海藻生长的种类会不断变化，生长于高潮线上的海藻常暴露在空气中，容易采集；而低潮线下的海藻则不能长期暴露于空气中，所以不能在近岸处生长。没有统一的时间和地点，给采集工作带来很大麻烦。要经常租船出海，风浪难测，安全风险要时时面对。为了解决经费问题，许李易不断寻找合作伙伴，请他们提供无偿的帮助。他找到在附近岛屿开展养殖的一些同学，以便能定时到岛上去采样。他还找到原来标本厂的技术人员，请他们帮助考察附近的岛屿，采集样品。许李易还说服了在海边摸螺作业的渔民，请他们在劳动中顺便帮忙收集藻类。为了更好地开展标本采集工作，有时不得不面对一定的危险。2010年4月，为配合天津医科大学的课题组采集珊瑚样品，许李易和潜水员一起下海。当时的天气还很冷，出海时遇到了风浪，许李易有些晕船，而且他并没有经过潜水训练，贸然下水是比较危险的。但为了有针对性地采集少量样品，不对珊瑚资源造成破坏，许李易决定和潜水员一起下海。在这次行动中，风浪大，水压大，上来的时候许李易挂了彩，流了血。但他认为这是值得的，因为他们不仅顺利地完成了任务，而且为以后的研究和实践活动积累了宝贵的经验。谈起这些经历，他感慨地说："没有对海洋生物的热爱和高度责任感，无论如何我是撑不下去的。"

今天的东山二中海洋生物标本馆已拥有1200多种生物标本，其中不乏大型生物标本和已经消失的物种，具有重要的科研价值。这里的无脊椎动物标本包括海绵动物、腔肠动物、环节动物、软体动物、节肢动物、棘刺动物和苔藓动物七大类共

700多种。其中属于腔肠动物门的造礁石珊瑚，以往的资料认为只生长在南海的东、西沙群岛，海南岛等热带海域，但该馆的收藏说明，在东山岛的海域里，也有锯齿刺星珊瑚、盾形陀螺珊瑚、标准蜂巢珊瑚等不少种类。此外，与造礁石珊瑚伴生的大矶沙蚕，吕宋棘海星，在标本馆都可以找到。长达1.3米的大矶沙蚕也是少见的海洋生物标本。这些事实，为福建省海洋生物的研究提供了新的内容。

属于软体动物的贝类标本是馆内最丰富的收藏内容，标本馆除收藏有多板纲、掘足纲、腹足纲、斧足纲和头足纲等一些种类外，还收藏有一些较少见的种类，如国家一级保护动物——鹦鹉螺，国家二级保护动物——唐冠螺、虎斑宝贝，还有遗传学上有重要研究价值的白化瓜螺以及经济价值很高的杂色鲍、管角螺、江珧、扇贝、贻贝、枪乌贼等。

标本馆内，还陈列着7米长的拟大须鲸骨骼标本和5.2米长的伪虎鲸骨骼标本及剥制标本，近距离欣赏这些巨型海洋生物标本，带给参观者强烈的视觉震撼和心灵体验。至今全世界已知的海龟有7种，东山二中标本馆内就收藏有棱皮龟、绿海

龟、蠵龟、玳瑁龟、丽龟共5种，种类之多，为全国中学之冠，并得到了国际访问学者的高度赞赏。

在许李易和东山二中几代师生的努力下，该校海洋生物标本馆的荣誉接踵而至，先后被福建省科协定名为"福建省青少年科技教育重点示范点"，被福建省科委、省委宣传部、省教育厅、省科协联合授予"福建省青年科技教育基地"，被联合国开发计划署和国家海洋局列为"中国南部沿海生物多样性管理"（SCCBD）的小额资助单位。2007年漳州师范学院生物系在标本馆挂牌，建立"海洋实习实践基地"。2013年6月，东山二中海洋生物标本馆被国家环境保护部、教育部确定为首批全国中小学环境教育社会实践基地。

东山二中海洋生物标本馆声名鹊起，受到中央、省、市各级领导的重视，也吸引了国内外许多专家、学者和一批批台湾同胞、港澳同胞及海外侨胞前来参观，取得了良好的社会效益。各大媒体纷纷报道，《报告文学》杂志发表《陋室里的海洋世界》，《闽南日报》刊载《窥视海洋生物奥秘窗口》，《福建青年》刊载《袖珍海

生世界》等文章，都对东山二中海洋生物标本馆做了专题介绍。2009年5月，中央电视台也对标本馆做了专题拍摄，中央人民广播电台也曾播出了记者的采访报道，如今海洋生物标本馆的有关内容还被编入福建省九年义务教育初中乡土教材《生物》一书，成为全省初中生的教材内容之一。

随着标本馆知名度的提高和活动内容的扩展，许李易也更加繁忙。作为标本馆的主要负责人，他要经常接待各级有关部门的领导和国内外的专家、学者，要参与各类学术活动。2006年5月，"中国南部沿海生物多样性管理项目第二次指导委员会会议"在温州隆重召开，许李易应邀与会，他在会上代表福建省项目区对一些项目的执行情况做了汇报，并介绍了东山岛的详细资料以及海洋生物标本馆拥有的资源和优势，让出席会议的国内外专家了解到一个中学，能够凭借自己的力量建立这样高水准的标本馆，并且常年自觉地承担海洋保护教育工作，在全国堪称首屈一指。这次自信的发言，得到了负责项目的首席专家周秋麟教授的肯定。一年后，许李易以东山二中的名义向国家海洋局项目办成功申请了"中国南部沿海海洋生物多样性小额资助项目"，并为学校争取到第一笔国际性援助资金。使该校首次作为实施单位参与了国际性海洋生态保护行动。从此，标本馆在全球环境保护计划上肩负起更大的使命。许李易不断开展的海洋生物多样性保护活动，得到了国家海洋局第三海洋研究所、各级海洋局、科协的资金支持和技术指导。

由于"中国南部沿海生物多样性管理的小额资助项目"完成效果良好，作为海洋标本馆代表，许李易老师应邀到北京参加首届黄海生态区保护支援项目小额基金交流论坛。他在会上做了海洋生物保护管理经验的交流报告。

伴随着海洋生物标本馆的成长，许李易已经成为公众人物，海洋志愿者优秀代表、漳州市全民科学素质工作先进个人、漳州基层"最美人物"……各项荣誉纷至沓来。2014年度海洋人物的光环更是实至名归地落在了许李易的身上。面对这一切，许李易的心依然平和、踏实。标本馆需要一点一滴的呵护，用钱要精打细算。许李易说，为了买几个装标本的玻璃瓶，他要在网上搜索好几遍，找最实惠的。闽南海岛空气潮湿，要给展馆再装个空调，这对他来说可是个"大项目"。对于标本馆未来的发展，许李易和东山二中的领导有着很多想法，他们希望扩大标本馆的规模，在灯光设备、多媒体影像、声音模拟等方面加大投入，针对重要的海洋生物信息、作用、分类完善文字说明，更大地发挥海洋环保教育的作用，并把东山二中海洋生物标本馆建成一个重要的旅游点，让更多的人在这里感受海洋的魅力，提高环保的意识。相信不久的将来，东山二中海洋生物标本馆将更加精彩。

蓝色教育——为学生启蒙，为科研助力，全社会受益

如果说东山二中的海洋生物标本馆是载体和基地，那么，许李易和他的团队就是海洋科学和海洋文化的播种人。在许李易的带领下，东山二中以海洋生物标本馆为基础，在广大中小学生中大力开展海洋科普宣传教育活动，普及海洋知识，传播海洋文化，培养海洋意识。在东山二中，曾经的海洋兴趣小组已经演变为学生们普修的海洋课。许李易和他的同事们还自己动手，编纂了校本教材《蓝色宝藏》，系统介绍海洋生物知识。

利用标本馆的独特优势，许李易和东山二中的老师们广泛开展参观、讲座等活动，有计划地向外校师生和东山居民开放，邀请厦门大学等名校的专家、教授来校授课，并相继组织了"海洋生物标本馆开放周"活动，绘制了《面向广阔蔚蓝色拓展生存新空间》展板，编印了《海洋保护动物》宣传画册，组织学生参加"国际地球日"的宣传，以"保护我们的地球"为主题，设计制作了以"海洋与人类"为主题的展板，同时组织班会课开展相关的主题教育活动。在暑假期间，标本馆更成为中小学生们夏令营的好去处，参观标本馆已成为福建省中学生德育夏令营、全县中小学生暑假科技夏令营和幼儿园夏令营活动的一项重要内容。

结合孩子们的兴趣、自身特点以及社会热点话题，许李易和东山二中的老师们先后举办了"大海里的小巨人——有孔虫""大洋的奥秘""保护鲨鱼，拒吃鱼翅""鱼眼看世界，海底真奇妙"等海洋科普主题展。东山二中的孩子们沉浸在蓝色的知识海洋中，每年都有不少学生积极报名参加课外兴趣小组活动，他们学习采集制作标本，观察海洋生物的习性，学做工艺品，在长期的调查和采集制作标本的实践中，写出了不少有价值的小论文，做出不少具有一定水平的工艺品，如学生王立英等合作写的"蟹是怎样爬行的"小论文在福建省青少年科技活动竞赛中获奖。学生写的"长毛对虾人工育苗见习""鲎的趣谈""贝壳小动物的工艺制作""石珊瑚盆景的工艺制作"等小论文也分别在市、县青少年科技活动竞赛中获奖。兴趣小组同

学制作的贝雕小动物也分别获得省一等奖和三等奖。除此之外,还有不少学生积极参加省、市、县各级生物科学知识智力竞赛,连年获较好的名次。"拟大须鲸骨骼标本制作"获东山县科技二等奖。在国家环保局组织的"爱我蓝色家园"征文活动中,全国79篇获奖作品,该校占了8篇。该校的生物教研组被评为市"保护野生动物"先进单位。他们撰写的论文和制作的工艺品多次在省、市、县获奖,生物科的高考、会考成绩多居漳州市重点中学前列。

2013年6月,东山二中海洋生物标本馆被国家环境保护部、教育部确定为首批全国中小学环境教育社会实践基地,它的声誉向全省全国辐射、延伸,每年接待中小学生参观者上万人次,成为广大青少年学习海洋知识,开展海洋实践的重要基地。

不仅仅是中小学生,东山二中海洋生物标本馆还为部分大专院校提供了教学和科研支持,他们长期为青岛海洋生物研究所提供科研资料。多次为南京师大生物系鲸类研究室提供海豚和江豚标本,为福建省师大生物系提供贝类和蟹类标本,厦门大学生物系、厦门水产学院生物系以及多所师专生物系师生也以该校标本馆作为参观学习的基地,2007年7月为漳州师院生物系将标本馆选为海洋实践实习教学点,并合作进行课题研究。他们每年到此听介绍、识别标本种类、做记录、拍照片,他们一致认为,通过参观标本馆,学到了在课堂上学不到的丰富知识,受益颇丰。

怎样把海洋教育引向深入,把蓝色梦想注入孩子们的心灵,是许李易一直思考的问题。经过许李易的多年努力,在厦门大学的帮助下,2010年8月21日,东山二中蓝源协会正式组建。"聆听蓝海之声,延续梦想之源"是他们的口号,"倡导人与海洋和谐相处,珍惜生命之源"是他们的宗旨。针对东山海洋环境治理与保护,许李易带领社团成员,几乎每个月都会开展相关的主题活动。"走近东山岛珊瑚海洋自然保护区,关注珊瑚保护"活动、"保护海龟,清洁沙滩"行动;在风动石4A级景区开展了主题为"鲨爱无疆——没有买卖就没有杀害"的宣传活动,与闽南师大生物系师生一同在马銮湾开展《旅游活动对沙滩潮间带大型底栖动物的影响》调查……通过丰富多彩的实践活动,"蓝源"协会一步步走向成熟。

社团的活动得到了广泛认可,当地政府、社会工作者和普通群众纷纷给予支持。2013年,"蓝源"协会以"保护海洋环境,你我共同努力"为主题,开展了海洋生态文明保护系列活动。协会还请国家海洋局第三海洋研究所、南海海洋研究所等提供技术支持,重新采集更新标本,建立物种基因库,利用馆里的原有生物资源对照查找濒临灭绝的生物种类。调查研究近年来环境污染、气候变化、渔业捕捞密度对本地海洋资源的影响。配合做好国家保护动物中华白海豚、海龟、中国鲎等的基线调查,检测保护动物的生存环境,并向当地相关部门、青少年等做好保护海洋生物多样性的宣传,促进本地经济可持续发展。而在每一次活动中,人们都会看到许老师忙碌的身影,组织、联络、讲解、安排计划、撰写材料,他总是那样不知疲倦。

教学相长。"蓝源"协会的组建,对于许李易的教学生涯也有不少启发。他发现,学生们的热情一旦被调动起来,往往会有出人意料的优异表现。这些十几岁的孩子,在老师们的指导下,把社团的工作安排得有条不紊。他们自己搞换届选举,自己策划活动主题,自己组织社会实践。可以说,在这样的社团里,他们学到的不仅仅是海洋领域的科学知识,同时提高了自身的社会活动能力,领会到了团队精神的内涵。把知识运用到实践中去,才能更好地体现海洋教育的价值。为此,许李易和他的团队与国家海洋局第三海洋研究所、中科院青岛海洋研究所联系,指导当地海洋生物养殖业、渔业加工业,促进产品深加工,提升当地海洋生物资源的综合开发能力。标本馆还与海魁水产集团以互惠互利、共同发展为原则,缔结协作关系,实行学校与企业有机合作,对研究海洋生物资源的高效利用,培养海洋产业新一代的管理专业人才,促进海洋生物制品产业的发展发挥了重要作用。

东山二中以标本馆和"蓝源"社团为载体开展的海洋科普宣传活动,不仅在教育界和学术界产生了重要影响,而且也辐射到了广大群众和各行各业。在东山岛,如果发现了独特的、珍贵的海洋生物,首先要联系标本馆,这似乎已经成为当地的一项共识。

1997年4月20日,一条长5.4米,重1.8米,最大体围2.4米的伪虎鲸误游入东山县八尺门西堤,被海堤阻隔和网箱缠绕,后经多方救助无效死亡。东山县委、县政府、海洋与渔业局、教育局等部门对此高度重视,立即将该伪虎鲸送入冷库并拨款给东山二中制作标本。当时,为了做好标本还特别向公安局申请购买了40斤砒霜,公安局还派专车与专人全程押送和监管。经过工艺师陈宗禧、陈福生父子和一班工人的共同努力,一具伪虎鲸剥制标本和一具骨骼标本于当年年底制成,并成为标本馆的"镇馆之宝"。

2007年9月,学生陈艺坤的伯父陈文强在内海捕到一条约5千克重的枪乌贼

(鱿鱼)。面对如此罕见的内海大鱿鱼，他谢绝了餐馆500元的高价收购，转而将它送给学校做标本。更值得一提的是，陈艺坤的爷爷曾在海底打捞到一节鲸鱼脊椎骨化石，估计年代可能达百万年以上。老人曾嘱咐要把这块化石作为传家宝珍藏，但陈艺坤和父亲陈文勇最终决定将其送到中山二中作为标本珍藏。

还有一位岛上的居民曾捕获一条鳄雀鳝。这种长喙尖牙的奇特鱼类是一种古老的史前生物，本生活在墨西哥湾沿岸河口附近，也许是被某些人或过往船只带到了东山。捕到鳄雀鳝的居民视若珍宝，但经过许李易的耐心劝说，他还是毅然割爱，把这条难得一见的鳄雀鳝捐给了东山二中饲养，学生们也由此开阔了眼界。这条鳄雀鳝死后，它的标本成为馆内的又一件珍宝。"发现奇特物种就送给二中做标本。在当地已形成一种风气。正是由于社会各界的大力支持，标本馆的馆藏越来越丰富。"许李易颇为感慨地说。

尽管和其他地方相比，东山岛没有受到过度开发，自然环境保持得相对较好。但气候的变化，人类的活动，仍对这一带的海洋物种造成了影响。在东山二中的标本馆里，有一组20世纪80年代采集的海藻标本，镶贴在古朴的木制相框里，典雅而厚重。这组标本包括绿藻、褐藻、红藻三大类共63种，附有文字说明，介绍了分类、学名、俗名、采集时间、产地和经济意义等。而在前几年的一次调查中，许李易和有关研究人员经过很大努力，发现这一海域现有的藻类仅存38种。他们制作了两套标本，一套提供给国家海洋局第三海洋研究所作为科学研究，另一套留在标本馆供学生学习参观。

海洋环保任重而道远，许李易感到肩上的压力，但他也充满信心。"这也许需要几代人的努力，人们的观念会一点一点转变，学生们会影响到他们的家长，新一代的年轻人会有更进步的理念，东山岛也一定会更加纯净、美丽。"

执教生涯——立己达人，甘于奉献，做学生最信赖的人

许李易将东山二中的海洋教育和标本馆建设搞得有声有色，然而他清楚地知道，自己的本职是一名教师，教书育人是他一生的事业。

耕耘蓝色沃土的园丁

1994年8月，21岁的许李易完成学业，重返母校，踏上了东山二中这片热土，成为了一名光荣的人民教师，开始了艰辛而执著的教育之路。在21年的从教生涯中，爱和责任成为他生命的主线。起初，他教授的课程是初一年级生物。刚刚步入青春期的孩子们活跃好动，正处在人生重要的转型期。许李易耐心引导，帮助学生们走进大自然，热爱大自然，激发起他们对生物学的兴趣，使生物课成为学生们最喜欢的课程之一。

2005年，随着新一轮课程改革的深入，原本不开设生物课的高一年级也要增设生物学科，当时教学人员比较紧缺。虽然许李易对教了9年的初中课程比较熟悉，但学校有需要，他主动申请承担高中教学任务，先从文科会考的班级开始，熟悉高中教材。由于文科的学生对学习理科生物课的热情不高，如何顺利完成教学任务，对许李易来说是一种全新的挑战。为了提高同学们的学习兴趣和热情，许李易在课堂上增加了许多和生活相联系的生物知识，使同学们感觉到生物学就在自己身边，看得见，摸得着，从而转变了对生物课的态度。

教育不仅是知识的传授，也是一种心灵的辅导。尽管不是班主任，许李易还是经常对学生进行约谈，了解他们高中生活上遇到的问题，帮助他们解决学习上的困惑。由于他的关心、鼓励和投入，学生都把他当成最信赖的人，在生物课学习方面也更下工夫了。

2005年，许李易顺利地完成高二年级文科会考的教学任务，而他肩上的担子也更重了。他分别担任着高二和高三年级不同生物学科教学进度的3个理科班的课程，同时还负责初二年级段的行政事务。

这是许李易首次承担高三年级的课程，因为还没有经历过高三年级完整的一轮教学，教学的压力很大，许多知识对他来说都是生疏的，高三年级的许多题目对他来说，同样有一定的难度。而且，他的时间也很紧张，每周6节生物课，高二、高三年级一共18节，再加上课后辅导和晚自习，每周大约24节课，课时量很大。高二、高三年级分为两个教案，他只能边学边教。许李易回忆说："这是一个很令人难忘的挑战，几乎每天我都在备课和做题目，我只记得早上爬起来6点多就开始看书做题，晚上回家吃饭后马上做题，睡时做梦还在做题。由于和学生同进同退，学生学习生物的热情很高，这也激励和鼓舞了我努力向前。"在这一年里，他完成了其他老师需要几年才能完成的教学内容。看到学生在自己的引导下，不断地向前探索和追求，他的内心充满了由衷的安慰和幸福感。许李易默默地告诉自己，一定要对得起学生信任的目光，他们像水，像风，柔和而又温暖，永远和你幸福相伴。

在许李易21年的从教生涯中，他从一名普通的教师，到班主任，到团委书记，到政治处副主任，到校长助理，一步一步成长为学校中层领导。就在他认为已经不再可能担任班主任工作的时候，2009年，学校提出了需要有一定行政经验、有丰富的团队工作阅历、有较强的责任心的行政领导去兼任班主任。这时候，许李易再次迎难而上，兼任了一个班级的班主任。

有同事跟许李易开玩笑，说他"官"越当越小。但大家都知道，班主任工作繁重琐碎，而又责任重大，不能有丝毫懈怠。许李易知道自己肩上的担子很重。他始终认为，只要学校有需要，不管要他做什么，都要全力以赴地去完成。这种高度使命感和强烈的责任感，转化为一种强大的动力。每天早读，许李易都是第一个到教室，等着学生的到来。他深知身教更胜于言传，要求学生做到的，自己要先做到；要求学生按时上课，他就自己每天按时走进课堂；要求班干部开会不能迟到，他自己每次按时到会；要求同学们参加公益劳动，他就和大家一起劳动；要求学生跑步锻炼，他每天一起跑上4公里。

在工作中，许李易本着平等与尊重的原则面对每一位学生，真诚地对待每一位学生的每一份情感。以平等的身份和他们对话，参加他们的活动，和他们成为朋友，建立起一种师生间的平等关系。他还经常走入学生的家庭，了解学生的日常生活情况和心理动态，帮助有困难的学生，做好学生的思想工作，通过不断努力，建立了良好的班风和学风，学生的学习态度更加端正，学习目的更加明确，学习氛围更加浓厚。

班主任的工作让许李易感受到很多育人的道理，体会到与学生契合无间，共同成长的滋味。当时班上有一位学生，由于父母分居的原因，缺少家庭的关爱，不愿意学习，经常迟到和旷课，用这种自我放弃的方式来表达对家庭的不满。许李易主动和他接近，和他谈理想，谈人生，告诉他一个道理：无论遇到什么困难，都不要放弃。终于，耐心融化了坚冰，在许李易的努力下，这位学生重新树立了人生目标，顺利考上了大学。

班上还有另一个学生，原先成绩很优秀，由于编班前考试成绩不理想，没进入快班，自信心受到一定的打击，为了发泄不满，他经常会和老师有语言上的抵触，和其他同学也很难走在一起。许李易走访了他家两趟，没有指责，没有批评，真诚地和他交流做人的道理，终于转化了他的看法。他说："老师我最信服你，无论什么时候，我都不会放弃自己。"在许李易刚当班主任的一周内，他把班上50多位学生都家访了一遍，为他们解决各种各样的问题。正是这种精神感动了学生，让他们有了学习的动力，最终都考上了理想的大学。

回顾当班主任的经历，许李易说："我意识到，在我们的教学生涯中，除了要教会学生知识外，更重要的是要让学生懂得做人的道理，学会坚持自己的人生，在挫折面前，永不言弃。"

在许李易的从教生涯中，学校共青团工作同样是浓重的一笔。用许李易自己的话来说："它让我保持一颗年轻而充满激情的心，不断向前飞翔。"

在他刚开始接手团委工作的时候，由于刚换届，许多工作衔接不上。为了尽快开始运转，许李易想到了从学生会记者团、播音组和出版组等社团入手，先把校园文化的框架搭建起来。

但万事开头难，开始时并不顺利。许李易通知了原来一些学生干部过来开会，结果，大部分同学没有来参加。记者团最高年级的成员共有4个同学，其中只来了两位女同学，她们还带来了另外两个同学的辞呈，要求退出记者团。许李易当时很惊讶，也很失落。但他迅速调整了情绪，召开了第一次记者团会议。会后，他留下两个同学，和她们交流了许多关于建设记者团的构想，并鼓励她们说："你们就是燃烧起校园文化熊熊烈火的星星火种。"就这样，记者团的同学建立了信心，她们找到属于自己的位置，看到了发展的希望。

一年后，在大家的共同努力下，记者团队伍逐渐壮大起来。在学校大型运动会等活动中，小记者们佩戴记者证和便携式录音机，对参加开幕式的领导、嘉宾、老师和运动员自由采访，通过不断锻炼，他们的写作、组织、协调、交流和管理能力大大增强了。在一次学校运动会上，学生记者林聪颖在短短的两天内，撰写稿件和诗歌达69篇。后来，这位学生凭借作文《变》在全国作文大赛中获一等奖。

2001年，许李易组织了东山岛环岛采风活动。他带领同学们从东山二中出发，骑着自行车沿南门湾、马銮湾一直到乌礁湾，对沿海的环境情况进行采访调查；在澳角村听取村长的建设报告，参观村里变化，下午再到宫前村天后宫等处了解当地民情，最后从西铜公路返回，整个行程约50公里，学生们从环境保护、民俗风情、社会经济建设等多个角度开阔了视野，获得了创作的灵感，在体力上也得到了磨炼。这项采风活动一直坚持到2005年。这期间，许李易又发动同学们创办了团刊《风动石》，记载了活动过程。由于受到这项活动的启发，2003年下半年，东山二中团委在县里率先设计开展了综合实践活动《从东山与台湾的历史渊源看对台关系》，并拍摄了专题片，在县电视台热播。

共青团从事的是青年学生的工作，在共青团的工作中，许李易满怀激情地投入，辛勤地工作，不但培养了一大批优秀的学生干部，而且使自己的心变得更加年轻，更加朝气蓬勃，并从中获得了很多人生的历练和成长的启示。

在20余年的教学生涯中，不管做什么工作，许李易始终用一种热情和责任去对待，去成就工作的精彩。在他看来，爱和责任是教师的第一人格，每一种经历，都记录着他教育成长的点点滴滴，许多的细节时常在他心中回放、定格，让他感到明亮与温暖。他把教育事业比作春雨，随风潜入夜，润物细无声。这是一种境界，也是一种期许，在教育之路上，他将继续谱写自己充实而幸福的人生。

落笔峰下"蓝丝带"
——蓝丝带三亚学院志愿者服务社

"团结一切力量,保护美丽海洋。带着热情和理想,带着感恩和虔诚,怀揣着共同的理想,只为守望着这片孕育生命的希望的海洋。"

——蓝丝带三亚学院志愿者服务社

大学期间参加社团,是很多人都有的经历。然而一群风华正茂的大学生迷上"捡垃圾",还是令人颇感意外。

三亚学院位于海南省三亚市的落笔峰下,学院有105个社团,规模最大的是"蓝丝带三亚学院志愿者服务社"。这个在校学生2万人的校园里,每年都保持着800余人的志愿者队伍。6年来,共有5345名志愿者组织开展了413次海洋保护活动,服务时长56 787.5小时。

当环保随着"雾霾"触动人心之时,环保公益行动越来越成为一种时尚。蓝丝带三亚学院志愿者服务社的学子们,正是在最美的年华做着这样一件美好的事。

沙滩，海洋，尽舞蓝丝带

2015年4月1日下午，蓝丝带三亚学院志愿者服务社的4名志愿者又一次来到三亚籐海小学和后海小学，给同学们讲述"红树林里的小动物"。

海陆蛙、弹涂鱼、鲎……这些丛林小动物，让小同学们欢欣雀跃，一个个显出好奇的本性：指着"鲎"字问"这是什么东西啊？""弹涂鱼为什么叫跳跳鱼呢？"

"弹涂鱼是一种古老的两栖动物，是鱼类中的天才，它们生活在有红树林的水域，一旦涨潮，就迅速爬到树上……"志愿者明梦莹是三亚学院大二的学生，这是她第5次参加保护红树林宣讲。

"红树林是海洋的卫士，我们志愿者当然要做红树林的卫士。"除了宣讲，他们也参与实地调研。

红榄李，是国家二级保护植物，属濒危红树植物，全国范围内仅存14棵，其中有8棵在三亚。这8棵正是志愿者们通过一次次活动，一棵一棵找出来的。3月30日，他们告诉记者，他们又发现了第9棵红榄李。

从2009年成立以来，志愿者服务社的活动涵盖了海洋垃圾清洁、海洋数据调查、海洋保护宣传、海洋知识科普、海洋生物保护等内容。仅海洋垃圾，今年以来

就已经清理了约 2 吨，烟头每次平均 3500 个，仅 2014 年就有 90 000 多个，足足有 36 公斤。

在三亚学院内，蓝丝带是荣誉的象征，只有优秀的志愿者才能得到。在校内，志愿者服务社每年的招新活动，成为三亚学院必不可少的一道风景，每次都有 1000 余人报名，优中择优后有三四百人成为新志愿者。在校外，蓝丝带不仅让人心生敬意，也成为带动三亚人和游客爱护海洋的符号。

钟策琦：第一次净滩——送您一根蓝丝带，请您爱护大海

"为什么要加入蓝丝带？"学长问我。

"因为我从小生活在海南，我想保护海洋，保护我们的家。"

第一次参加活动，是净滩。穿着蓝丝带蓝色的衣服，内心充满了责任感。那天的活动主题是感恩节，我们除了净滩还要给一名游客系上一根蓝丝带，请他们一起来保护海洋环境。

从海滩的头捡到尾，又从尾走到了头，我给一个小朋友系上了丝带，并且告诉他：大海是我们的母体，我们应该保护她，你长大一定也要做个保护海洋的好孩子。小朋友很高兴地答应了。

系丝带，成为一件非常有仪式感的举动，感动了自己，也感染了别人。

在后来的护鲨活动中，部长给了我们一个任务，让我们在海滩上找人与我们一起承诺：拒绝鱼翅，保护鲨鱼。很多人都爽快地答应了，他们乐意与我们承诺，并说也想为保护海洋贡献自己的一份力量。

听到他们的话，我很感动。因为我们的活动被他们理解与认可。还有位老爷爷对我们说："你们真是好孩子，做的这个活动很有意义。"

这是我难忘的第一次净滩。

刘洋：全是爱·诠释爱

2015 年 3 月 28 日，三亚学院蓝丝带海洋保护服务社组织了本学期的第一次净滩活动。过程中的一些事情和发现让我有些心痛和无奈。人们会说，蓝丝带就是捡垃圾的；蓝丝带的活动没有意义；蓝丝带的活动与身为游客的他们无关；这个活动没见过，有意思看看热闹……

这些话，正是体现了现代人保护海洋、保护环境意识的淡薄。值得高兴的是，我们没有因为这些言论而放弃，而是希望通过自己的努力让他们变得和我一样。

此次活动共捡到垃圾36.6千克，烟头5110个。其中，塑料制品2.4千克，纸制品0.9千克，其他垃圾3.6千克，椰子产生的垃圾20.5千克。

这样的活动多了，我就有了强迫症——看见烟头就想去捡，止不住。仔细想想，这也是收获之一吧，至少，如果家人、朋友去海边，我会劝阻他们不要将烟头留在沙滩上。

每次活动总会出一身汗，但回头看看比刚才干净的沙滩，会觉得汗没白流。红树林里的小动物，让我觉得海洋动物不止有海豚那样可爱的，也有招潮蟹这样有趣的。给大海一个干净的朋友，还动物一个干净的家园，这样的事情在一些时候，会让我觉得我的存在是有价值的。

学长曾经说："蓝丝带给他的感觉是'蓝丝带，quanshiai'，两种解释：全是爱；诠释爱。"现在，加入蓝丝带已经快一年的我，也有了这样的体会。

张开国：红树林与17个孩子的小学

作为一名本岛居民，从小与海为伴，却不知道如何去保护他。可是从加入蓝丝带海洋保护三亚学院志愿者服务社开始一切都变了。我开始认识了保卫着海洋边境生态的红树林，知道了该怎么去保护它。在这个过程中，我感受到了自己的成长——我渐渐拥有了保护海洋的能力，虽然它还只是绵薄之力。

为了宣传红树林知识，我们走进铁炉港小学。一脚迈进这所小学，伙伴们都惊呆了——17个——一到六年级仅有17个学生。

看到明梦莹学姐非常认真地为小朋友们讲解红树林知识，我的心中有了一些复杂的情绪。我的小学也在这个岛上，如果以前也有人给我们来讲课，我就能更早地了解海洋。虽然只有17名小同学，但他们需要我们的爱护，需要有人为他们打开一扇看世界的窗……

杨泽华：护鲨，拒绝有奢无品

蓝丝带保护海洋的行动也不仅限于净滩活动。如深入红树林，观察红树林。期间的辛苦也是难以言状的。还有护鲨行动，蓝丝带的宣传让许多孩子明白了鲨鱼是珍贵资源。这种潜移默化的教育使得孩子们会主动拒绝鱼翅，从而让鲨鱼得到了保护。

海洋不仅是人类宝贵的资源，更是人类生命的摇篮。保护海洋环境和资源从我做起，拒绝有奢无品！

周鼎：数到心碎的白骨壤

因为没听到闹铃响，定好7时30分集合，我7时20分才匆匆忙忙起床。开着电瓶车一骑绝尘，我来到了校门口——为时一天的红树林活动开始了。

对红树林的活动，我还是非常期待的。很想看看红树林是什么样的，虽然还没看到，但一想到我能为这么珍贵的红树林做些事，就觉得自己很伟大，世界很美好。

我们要去的地方叫铁炉港，我以为是个码头。到了那儿才知道，是个荒无人烟、鸟不拉屎的地方。不过，正是因为荒无人烟，那里的空气、环境也是特别好。学姐带我们认识了很多红树植物，白骨壤、红树、红榄李、海桑、海莲……给我们分配的任务是数一下这个地区的白骨壤。

对于红树林的保护，我们除了向中小学生宣讲，最重要的就是我们会做一些基础的实地调研。

那就数呗！一开始感觉无所谓，后来发现我错了——白骨壤真是太多了，数得我心都碎了。结束的时候，我们数了有500多个。

这些我们用脚一步步摸来的数字，最终会汇总在一起，提供给研究机构。我很高兴自己曾为蓝丝带尽过一份力。

最美的年华，做美好的事

平时，志愿者们做得最多的事就是"净滩"——到沙滩上捡垃圾。现任志愿者服务社社长朱俊皓说："这是我们最常态的活动，也是最枯燥、最考验志愿者的活动。"

志愿者的心态一般会经历3个阶段。前任社长张菁华总结："空前热情——困惑于我为什么要做这个——观望、放弃或继续坚持。"

"困惑的原因，基本来自于净滩的'摧残'。"朱俊皓讲了一件小事儿，在一次净滩活动中，一位在沙滩休息的游客随手将垃圾丢弃，志愿者捡拾后，这位游客又开始吃瓜子。同学的拗劲也上来了，游客扔一颗瓜子皮，他就捡一颗……直到周围的游客看不下去，劝说之后那位游客才作罢。

还有来自游客异样的眼光以及舍友的不理解，等等。然而最终还是有绝大多数

的同学留了下来。朱俊皓说:"现在的志愿者有800余名,无论何时组织活动,除了上课的同学不能来,基本能够保证300名左右的同学参加活动。"

"在女同学中流行一句话:净滩一次,十张面膜也白不回来。"即便如此,下一次的活动通知发出后,同学们又来了。

年轻人追逐时尚与美是天性,那么,是什么让这些在家被父母呵护的孩子能够坚持做这样一件脏、累、枯燥的事儿呢?记者得到了很多回答:

——生活在三亚,以三亚为荣,希望她美丽下去。

——通过自己小小的坚持和努力,让世界变得更加美好一点儿,非常有成就感。

——曾经很内向,向往与人顺畅交流,志愿者服务社给了我一个平台。

——之所以坚持做志愿者,可能是因为一位香港老爷爷说,他20世纪90年代来三亚的时候,晨跑几公里,一个烟头都没有,而现在……我听了好心痛!

这些朴素而真诚的答案足以感动听者。在最美的年华,做着最美丽的事,他们

赢得了社会的认可。2013年,蓝丝带三亚学院志愿者服务社荣获"全国高校十佳品牌社团"的荣誉。

黄文强:难忘的社团召新

去年8月我在知道自己被三亚学院录取后,就从三亚学院贴吧知道了蓝丝带这个组织,很快就了解到蓝丝带是一个大学生公益社团,主要以保护海洋环境和海洋生物为主。因这初步的了解就喜欢上了这个团体,然后决定加入。

在等了很久之后终于迎来了社团招新,我迫不及待地去报名。这才发现,蓝丝带不是谁想加入就能加入的。主要是人太多导致成功率低,其次是还要面试。可是蓝丝带社团整齐的形象,在整个招新现场成为一道风景,更加激发了我想要加入的渴望。

填了一份表之后,在周三的下午进行面试。说实话,面试的时候很紧张,当时问我为什么要加入蓝丝带这个组织,我毫不犹豫地说我喜欢蓝色的大海,也想要为保护海洋环境奉献出自己的一份力量。面试结束后还一直在担心自己能否被录取,等了很久终于收到了录取短信。当时的心情真的很激动。第一次例会中我见到了很多来自不同地方却都和我有着相同理想的小伙伴们,每个人都是那么亲切。

第一次和小伙伴们一起去大东海做活动,早上我们在校门口集合,领取logo衫,然后一起坐车去大东海进行海滩清洁活动。虽然太阳很晒,但没用多久我们就做完了自己的工作，环保袋里也装满了垃圾。之后我们在海边进行了手语表演。很多在大东海游玩的旅客都称赞我们，当时虽然很累但是觉得很有意义，也非常高兴。因为我们的努力能得到他人的肯定和赞扬，这就够了。我们也为其他人树立了环保的形象，相信会有更多的人加入到保护海洋的行列中。

李文岚：号召你的加入

每当听到红树林面积减少，又一树种即将濒临灭绝，在巡护过程中看到树木被破坏、砍伐我就感到心痛！特别是看到红树林赖以生存的沼泽环境被破坏后更是为之心痛。生活污水的排放、工业废水的排放、人们随意乱丢的垃圾……

在这里我号召：作为一名中国人，我们有义务保护我们赖以生存的地球，从自身做起，带动更多的人加入到保护环境的队伍当中，为我们的环境做出自己的贡献。

作为学生的我们，首先最重要的就是学习，这也是我们参加环保行动的薄弱之处，我们不可能天天去捡拾垃圾，天天去巡护红树林，所以我们更需要你的加入，让我们一起保护环境！

朱春燕：不忘初心，方得始终

蓝蓝的海，卷起白白的浪花，身后一排脚丫印印在了被夕阳披上一片金黄的沙滩上，一阵浪覆了膝盖，湿了裙角，带走了小脚印，捡贝壳的姑娘满心欢喜地踩着浪花，任由夕阳拉长她的影子。

停！在来三亚之前这些场景也只能在影片中看到，我见过受到白色污染的沙滩，闻到过发出恶臭的海水，看到过浮满白肚皮鱼的海面。

三亚的海，不似西湖"水光潋滟晴方好，山色空蒙雨亦奇"，倒是一派"春江潮水连海平，海上明月共潮生"。说白了，三亚的海拍出来不用美图就能发朋友圈，无暇，纯洁，安静，很蓝很美。

迫不及待地赶到细白的沙滩上，拎着鞋子便在沙滩上跑了起来，好像有一丝丝不对劲。沙滩不只有沙子，有烟头，有果皮，有袋子……难道真的距离产生美，有些东西只能远远地看着？有那么一抹深蓝进入视野，一个个深蓝的环保袋，一个个烟头，一个个不干净的垃圾，经过一双双手进入了那深蓝的环保袋，一面蓝色丝带飘逸的旗帜依稀有着"海洋保护志愿者"的字样，开始庆幸我离海这么近，才发现海边更美的风采，才没错过这个让人钦佩的组织。

"不忘初心，方得始终。"这是在蓝丝带第一次开会学长学姐的忠告，也是蓝丝带的信念。从保护海洋、沙滩、海洋生物到红树林，一次次自愿参与的活动，蓝丝带是拥有这份坚持与毅力的组织。此刻在我心中蓝丝带充满爱心！

第一次参加净滩活动，与小伙伴们携手对沙滩进行地毯式扫描，用行动告诉游客一起保护海洋，阳光下抹掉汗的脸颊依旧是笑颜。当听到清理出的烟头数足足有5000多个小时，一种自豪感油然而生，这就是团结的力量。此刻在我心中蓝丝带这个集体很团结！

在弯月般的海岸线上，嬉戏笑颜中友谊的种子在萌发，愿它有一天冲破长空，随岁月不断增长。

陈洁：捡烟头的执念

常规的净滩活动，都是让小伙伴们每人拿一个垃圾袋各自行动，最后进行垃圾的分类汇总。印象中，捡到最多也是最难捡的垃圾，应该就是烟头。吸烟者不知道，他们畅快淋漓地随手一挥，却需要我们费劲儿地一个个把隐匿在沙子中的烟头找出来。

但是，我们是蓝丝带，我们是一个用心的团队，在有限的一两个小时里，我们只靠一点一滴地寻找，就将成千上万的烟头捡起。那是一份执念，更是一种力量。当然，这仅仅是我们活动中极小的一部分。我们始终坚信，再小的力量也是一种支持。

路婷：岔路口，点灯处

留在新闻部，还是蓝丝带？大一下半学期我需要做一个抉择。我们参加社团的人开始考虑要不要留在学生组织中，要不要放弃一些东西。而且，在蓝丝带这样一个著名社团，比我优秀的人很多，比我上心的人不少，我何德何能，怎么会有机会？可是，上苍就是那么调皮，他们把选择权交给我。

谁知，就在我决定好好在蓝丝带工作时，新闻部的老师问我，愿不愿意留下来当学生助理。

愿意！怎么会不愿意？做着自己喜欢的事，可以提升写作，还可以拿工资。内心动摇得那么彻底！

找学姐聊，学姐说，虽然有很多机会，很多平台，可是要做那么多琐碎的事，而且社交这事，得凭借自身实力，如果没什么内涵，与他人建立了联系也是无用。

我问皮皮，皮皮毫不犹豫："当然蓝丝带。"我诧异："为什么？""因为你留下来，会做很多对别人意义非凡的事，而且，如果我是用人单位，我更倾向于肯付出又有爱心的人。"我略略想了想，有些道理。但我还是没法静下心来。

我问张大凡，如果是你，会怎么选择？她反问我：你未来的路定了吗？记者，编辑，你真的那么想做吗？

那时，我实在一个问题都回答不上来。相对于学生助理的工作，我觉得留在蓝丝带困难更多。我们需要进行八场面试，我们每个人至少需要参加40次活动，我们需要很强的团队意识，我们需要牺牲自己的学习时间、睡眠时间……

可是，"探索未知的自己"这句话，让我坚定地留下来了，如果去尝试自己望而却步的难事，我会不会发现一个全新的自己？我留下来了，时间真快，马上又要换届了，回看这几个月，我心胸开阔了，更懂得合作、包容与理解了。

收获真的无法一一列举，最重要的是，在这些历练当中，我发现了自己致命的缺点，并在努力克服它。

聚是一团火，散作满天星

三亚是知名的滨海旅游城市，风景如画。随着旅游业迅猛发展，城市规模不断扩大，"靠海吃海"的三亚人日益感觉到环境的压力。据三亚市旅游信息中心数据统计显示，户籍人口不足70万的三亚，2014年全市累计接待过夜游客1352.76万人次，而这一数字在2007年仅540万。那一年，三亚学院的同学第一次参加"三亚海岸线环保地图"调研。这也是学院加入蓝丝带保护海洋环境的开始。说起志愿者团队，不得不说三亚蓝丝带海洋保护协会。协会发起人孙冬告诉记者，从最初只有企业界人士的参与，到协会壮大，高校志愿者的加入功不可没。三亚学院就是第一家加入的高校。

除了参加协会组织的各项活动，他们还与21所蓝丝带海洋保护高校志愿者团队联动，打造全国高校大学生人人志愿、人人环保的浓厚环保氛围。

前面提到的红树林保护行动，也是他们与中国红树林保育联盟、深圳市红树林湿地保护基金会取得联系，加入的行动。

值得一提的是，每年毕业的志愿者，无论走向全国各地还是海外，蓝丝带精神都一直在他们身上传扬。

"有一次我们在武汉开展签名护鲨活动,苦于联络不上当地的组织者,恰在武汉工作的学姐仍把自己当做志愿者,全力以赴帮助协调。毕业的志愿者无论到哪里都会记得这条蓝丝带。"

张菁华如今是大四学生,实习时,她毅然选择了"三亚蓝丝带海洋保护协会","如果协会需要,毕业后我也会选择留下。我想我会用毕生之力做海洋环保工作。"

"聚是一团火,散作满天星。"三亚学院的团委书记赵晓乐用这句话鼓励着学子们。

吉祥:三个有关离别的数字

825,263,328。三个看不出关系的数字,我却记得很清楚,因为它们是关于蓝丝带的离别。

2013年9月28日,是蓝丝带新一轮招新的日子,从上午8时到下午18时,共825名同学报名。5天,7场见面会,经过层层筛选,最终确定下来425名2013级蓝丝带志愿者。

2014年6月18日,是2013级志愿者们的总结大会。263天!最终还是要迎来离别。"328!"这是那天开会到场的2013级志愿者人数。

大海星空
2014 年度海洋人物

263 天里的辛苦，更多的人选择了坚持，选择了坚守自己的信仰，选择了蓝丝带。

离别那天，我们流泪了……当我看到，志愿者代表在台上哽咽地讲出自己这一年来的经历的时候；当我看到，台下的 300 多名志愿者默默低头不语悄悄淌泪的时候；当我看到，学长从教室的第一排一层层地将每一个志愿者的名字叫出来的时候……强忍的我还是流下了不舍的泪水。

我曾是 825 个中的一个，263 天的蓝色旅程，我是幸福 328 中的一员。蓝丝带融入我的身体，离别也不会改变我对海洋的情怀。

吴贞竑：时光不老，我们不散

我们这群人在这个叫做蓝丝带的地方相遇了，在这里我们留下了太多美好的回忆。蓝丝带的主要活动大多时候都是去野外进行各种调研，为以后的活动和工作累积资料和实例。

我们去海边滩涂查看面积，对比几年来的变化。因为大家都知道的原因，有些农民会把滩涂改造成农田种植庄稼。我们会入户进行一些相关知识讲解，或者对他们做一些说明，讲讲保护滩涂的重要性。

有时我们会走到红树林中，去观察生活在红树林中的鸟类如何进行繁殖与生活。或者考察红树林的生长情况以及是否有被毁坏的痕迹。因为红树林对于地球是很重要的。

　　经常感到活动太累，心想，再也不来了。下一次活动，又来了。说不清为什么。我只希望，我们这群伙伴在蓝丝带，一直到我们不得不离开，为了我们共同的梦想和最初相聚的目的，时光不老，我们不散。